新入社員・若手社員の仕事力を高めるワンポイント講座

あなたを成長させる品質管理の考え方

市川享司 著

日科技連

推薦のことば

　グローバル化によって、わが国を取り巻く環境は大きく変わり、多くの業界では激しい競争に直面してきました。グローバル化した環境のなかで勝ち残っていく企業がある一方、敗北し、海外企業に吸収合併される企業もあります。

　こうしたなかで、企業が新入社員・若手社員に求める能力も大きく変わってきました。定型的な仕事を確実に行っていれば、社員として評価される時代はとうに過ぎています。正当な評価を受けるためには、不確実なことでも積極的に挑戦していかなければならないのが今の時代であり、企業も、そういった社員の存在がなければ、企業の発展どころか存続すら危うい状況にあります。

　こういった事情から、一人でも真面目にコツコツと既存の物事を成し遂げるタイプよりも、さまざまな手段を用いて、多くの人たちを新しい物事へと向かわせるタイプが求められるようになりました。多くの企業が新入社員に求める能力の上位として「コミュニケーション能力」を求めているのはそのためです。

　「コミュニケーション能力」といっても、「相手に意思や言葉を伝えるのが上手」なだけでは正当な評価はされません。まずは、**自身の仕事を確実にこなし、過不足のある点は改善していく実務能力が基礎にあってこそ**、それが生きるのです。

　しかし、新入社員の方はもちろん、その期間、必要な経験が積めなかった若手社員の方には、正しい「仕事への取組み方・考え方」が身についていないことが多く見受けられます。適切な取組み方・考え方が身についていないと、それが行動として表れ、習慣化し、自己の評価を落とすことにつながり

ます。

　本書は、長年、企業で「品質」に関わるさまざまな仕事に取り組まれてこられた著者が、その実務経験を言語化し、新入社員・若手社員の方々に伝えたいことを、80 ポイントにまとめています。製品の品質管理に長年携われてこられた著者ならではの視点で、「仕事への取組み方・考え方」を変えるきっかけを提供しています。

　新入社員・若手社員の自習用として、また、新入社員・若手社員の成長を望む管理・監督者の方々に社内の研修・教育用として本書の活用をお奨めいたします。

　2015 年 1 月吉日

一般財団法人　日本科学技術連盟
専務理事・事務局長　小大塚　一郎

推薦のことば

　著者の市川享司先生は、1966年から日産自動車㈱のQCサークル活動に関与され、リーダー、推進委員、工場事務局、全社15工場・約3,000サークルの全社推進事務局を担当されました。さらに、関連会社における品質向上活動、QCサークル活動の活性化、現場における管理・改善活動の指導・支援において、顕著な功績を収められています。日産自動車㈱品質管理部課長（全社QCサークル事務局長）を経た後、今ではパワーアップ研究所の所長として、TQM、QCサークル活動、およびヒューマンエラー防止と目でみる管理、儲かる5S、見える化とムダとりなど、実践力・現場力のある研修で多くの国内外の企業・団体を指導・支援しておられます。

　市川先生は常々、以下のようにいっておられます。

- 管理者は、部下にエネルギーを与えるべき存在です。新入社員にやる気を起こさせるには、日頃から自身の知恵と知識を惜しみなく与え、熱意のある心で支援してください。
- 新入社員・若手社員は、一歩前へ出る勇気をもって行動すべき存在です。あなたが率先垂範すれば、その熱意で職場は必ず良くなります。

　本書は、新入社員・若手社員の皆様が、今の仕事のできばえをさらに望ましい状態に向上させるために、現状を打破する改善のPDCAサイクルを回す方法などが詳細に説かれています。本書を通じてQC的なものの見方・考え方を理解し、職場で実践し、新入社員・若手社員として一歩進んだ存在になってください。

　新入社員・若手社員の皆様は、以下のような仕事があります。

　① 与えられた業務を実践する。
　② 職場の仲間たちに働きかける。

③　管理・監督者に改善提案などを働きかける。

④　自分自身で勉強し、技を磨き、確実な作業をして信頼を勝ち取る。

　こういった仕事を行うためには、人格を高め、リーダーシップがとれる実力を養うことが必要です。平たく言うと「個人として良い仕事を行うのは当たり前で、さらに職場・会社全体を良くしていこうと意識せよ」ということです。

　皆様の熱意と努力で、新入社員・若手社員として、自分自身の仕事に尽力をされることを期待しています。

　本書は，新入社員・若手社員の皆様が仕事の基本を学べるよう、多方面にわたり実践的な知識・知恵が集約されています。皆様が一歩を踏み出すとき、参考にしてもらえますよう、推薦いたします。

2015年1月吉日

もの造りQC研究所　所長

（元　三菱電機株式会社）

中西　勝治

まえがき

　日本の職場を取り巻く環境は日々変化しています。製造、事務、販売、サービス業などさまざまな職種がありますが、環境の変化に対応して、市場の優位性を確保しなければ、企業の業績を維持することすら難しくなるのがこの社会です。

　特別な規制がない限り、どの業界でも、各企業の間には競争原理が働いています。ときにそれはとても厳しいものとなります。そうした環境のなかでは、他社を凌駕する品質やコスト、量・納期で製品(商品)を提供しなければ顧客に支持されず、市場から撤退を余儀なくされる可能性があります。生き残りのため、顧客が事前に予想している期待の製品品質やサービスを超え、驚きや感動を与えるような製品(商品)やサービスの提供が必要不可欠となる時代です。こうした製品(商品)は、それを生み出す職場・現場があってこそ実現するのです。

　本書は、利益を生み出す組織としての「会社」に入社する前の人々から、仕事を覚えた入社後2・3年目までの人々に対して、会社で腕を振るい大きな成果を上げるために必要となる知恵を理解してもらうことを目標に執筆しました。

　社員のあなたが、会社とともに成長していくためには、組織の一員として行動し、会社の存続はもちろん、発展に役立たなければなりません。そのためには、上司や先輩から指示されたことをこなすだけではなく、自律的・主体的・創造的に行動する必要があります。

　製品(商品)の品質やサービスについて常に考え、仕事の基礎を地道に習得し、日常業務と改善活動に取り組んでいけるような、テクノロジスト(技能技術者)の意識が必要となるのです。

新入社員・若手社員といわれる読者の方々には、本書の各章をぜひ自分なりに消化してもらいたいと願ってます。また、企業目的の達成や自分自身の成功のため、自己研鑽のために必要な努力を行い、立ちはだかる問題・課題に対して果敢に挑戦できる人になってもらいたいと願っています。

　出版にあたっては、日科技連出版社出版部の田中延志氏に大変お世話になりました。ここに厚くお礼を申し上げます。

　2015年1月吉日

パワーアップ研究所

所長　市川　享司

目　次

推薦のことば………………………………………………………小大塚一郎　iii
推薦のことば………………………………………………………中西勝治　v
まえがき……………………………………………………………………… vii

第1章　品質管理の基礎知識の実践 …………………………………… 1
　1.1　現場は利益を生み出す場であり、問題発見の場でもある　3
　1.2　現場の語録を参考にしよう　4
　1.3　現場の裏づけのない意見は、単なる理屈にすぎない　5
　1.4　仕事の結果を「見える化」しよう　6
　1.5　職場の6大任務を知ろう　7
　1.6　職場の6大任務のポイントを知ろう　8
　1.7　行動する前に仮説は必ず検証しよう　9
　1.8　事実をしっかり捉えよう　その1　10
　1.9　事実をしっかり捉えよう　その2　11
　1.10　問題意識をもとう　その1　12
　1.11　問題意識をもとう　その2　13
　1.12　5ゲン主義を実践しよう　14
　1.13　クレームへの対処から新製品を生み出そう　15
　1.14　クレームへの対処から生まれた新製品について考えてみよう　16
　1.15　不具合対策は再発防止を重視しよう　その1　17
　1.16　不具合対策は再発防止を重視しよう　その2　18
　1.17　周囲の4Mを考えよう　19
　1.18　標準化とその管理を定着させよう　20
　1.19　QC的なものの見方・考え方　その1
　　　　―品質第一とプロダクトアウト―　21
　1.20　QC的なものの見方・考え方　その2
　　　　―後工程はお客様とPDCA―　22
　1.21　QC的なものの見方・考え方　その3
　　　　―事実にもとづく管理と人間性尊重―　24

- 1.22 お客様の使う立場で仕事をしよう　26
- 1.23 あなたの給料の源泉を考えよう　その1　27
- 1.24 あなたの給料の源泉を考えよう　その2　28
- 1.25 品質管理と品質保証の違いを考えよう　—手段と目的の違い—　29
- 1.26 保証と補償の違いを考えよう　30
- 1.27 ISO 9000ファミリーについて考えよう　その1　31
- 1.28 ISO 9000ファミリーについて考えよう　その2　32

第2章　仕事の基本の実践 ……………………………………………… 33
- 2.1 1日も早く一人前になろう　35
- 2.2 人の質の向上が業績向上に結びつく　36
- 2.3 仕事を教えてもらうときは、必ずメモをとろう　37
- 2.4 基本どおりの仕事ができているか、自己チェックしてみよう　38
- 2.5 聞くこと見ることすべてが先生、師匠である　39
- 2.6 雑用すら満足にできない人には、大きな仕事も任せられない　40
- 2.7 できるかできないかは、上司が判断することである　41
- 2.8 どんな相手に対しても、迷惑をかけたらすぐに謝まろう　42
- 2.9 クレーム対応への考え方を知ろう　43
- 2.10 仕事の期限を意識しよう　44

第3章　報告・連絡の実践 ……………………………………………… 45
- 3.1 悪い出来事こそ早く報告しよう　47
- 3.2 5W1Hを意識しよう　48
- 3.3 考えて行動する人になろう　49
- 3.4 情報漏れを防ぐためのルールを知ろう　50

第4章　原価意識を高めるための実践 ………………………………… 51
- 4.1 ムリとは何か？　53
- 4.2 ムダとは何か？　54
- 4.3 ムラとは何か？　55
- 4.4 仕事のゆとりのためにムダ退治をしよう　56
- 4.5 7つのムダへの対策をしよう　57
- 4.6 7つのムダ以外のムダにも対策をしよう　58
- 4.7 数値化から原価意識を身につけよう　59

4.8　在庫は罪固（罪の固まり）だと考えよう　　60
　4.9　動作を左右する作業方法・条件を考えよう　　62

第5章　安全・災害意識の実践　63
　5.1　生産阻害と安全性の関係　　65
　5.2　生産阻害の要因を排除するために確認すべき11項目　　66
　5.3　災害防止のための基本的な心がまえ　その1　　68
　5.4　災害防止のための基本的な心がまえ　その2　　69

第6章　自分を伸ばす仕事の実践　71
　6.1　他部署の仕事に興味や関心をもとう　　73
　6.2　目標を立て、宣言し、実行しよう　　74
　6.3　目標設定の4つのポイントを考えよう　　75
　6.4　小さな目標から始めて、少しずつ達成していこう　　76
　6.5　多能化で自分を成長させよう　　77
　6.6　目的・目標、夢をもち、一生懸命に行動して成長しよう　　78
　6.7　自己成長のための目標を立てよう　　79
　6.8　交渉を上手にこなして一人前になろう　　80
　6.9　身近な人に信頼されて、人脈づくりの出発点としよう　　81
　6.10　規律をしっかり守ろう　　82
　6.11　上司には好かれるようにしよう　　83
　6.12　他人の助言に耳を傾けよう　　84

第7章　職場環境、5S、挨拶などの実践　85
　7.1　机の整理・整頓の有無を見て、仕事の管理能力を知ろう　　87
　7.2　業界一の職場をつくろう　　88
　7.3　5Sが必要な理由を知ろう　　89
　7.4　15の教えで躾を身につけよう　　90
　7.5　ムダな動きは働きとはいえない　　92
　7.6　日常の5心で、さわやかな一日を送ろう　　93
　7.7　3つの躾をしっかり守ろう　　94
　7.8　「挨拶」は大きな声ではっきりと言おう　　95
　7.9　社内の挨拶について考えてみよう　その1　　96
　7.10　社内の挨拶について考えてみよう　その2　　98

7.11　社内の挨拶について考えてみよう　その3　100
7.12　休暇のとり方に気を使おう　101
7.13　社内の不文律のルールに注意しよう　102

第8章　演　習 …………………………………………………………… 103
8.1　自分の周囲について改めて考えてみよう　演習：その1　105
8.2　自分の周囲について改めて考えてみよう　演習：その2　106
8.3　学生と社会人の違いについてグループ討議をしよう　108
8.4　アマチュアとプロフェッショナルの違いについてグループ討議をしよう　110
8.5　新入社員に対する見方についてグループ討議してみよう　112
8.6　改善意識を高めるために必要なことを考えてみよう　114

参考文献…………………………………………………………………………115

第1章

品質管理の基礎知識の実践

1.1 現場は利益を生み出す場であり、問題発見の場でもある

> 要点：現場を起点に物事を考えることが大切である。

　昔からよく「現場第一主義」という言葉が使われてきました。これは「現場を知れ、現場の声を聞け」という意味です。

　現場はなぜ大切なのでしょうか。それは、**現場は「価値（知識＋知恵）を生み出すところ」「多くの情報が集まるところ」「最初に対応すべき変化の現れるところ」**で「人々が何かを行っているところ」です。

　また、業績不振の場合、「どこに問題があるのか」を教えてくれるのも現場で、**「現場に解（答え）がある」**のです。現場といっても、業界や業種により、考え方はさまざまです（製造の現場、事務の現場、営業の現場、サービスの現場など、連想される現場の状況は違うはずです）。

　人によって想像される「現場」が違っていても、**「利益を生み出す場」**であるということには変わりありません。また、どんな企業でも、何かを売って経営をしているわけですから、**現場は「お客様との接点」**であり、現場を起点に物事を考えることが大切です。

現場の語録を参考にしよう

> 要点:現場は価値(知識+知恵)を生み出すという。

以下、「現場」について述べた印象深い語録を紹介します。

(1) 「現場は利益を生み出す場」に関しての語録
  ① 「銭はグランドに落ちている」(南海ホークス(現 福岡ソフトバンクホークス)の鶴岡一人 元監督)
   「グランド(球場)で成果を出せば選手の給料は上がる」という意味であり、「高年俸が欲しければ練習を一生懸命すべし。すべては自分の努力次第だ」という教えです。
  ② 「ムダ金は、使うな!」(社員に語り継がれるトヨタ語録)
   「工場には金を使うが、事務所には金をかけない」はこの一例です。

(2) 「現場」が大切であることに関しての語録
  ① 「現場100回は、捜査の基本」
   事件を捜査し、現場を奔走する刑事の合言葉です。
  ② 現場・現物・現実の「3現主義」
   この考え方にもとづいた調査は、問題解決の常套手段です。
  ③ 現場は、「価値(知識+知恵)を生み出すところ」「多くの情報が集まるところ」「最初に変化が現れるところ」「社員の悩みが多く現れるところ」です。

1.3 現場の裏づけのない意見は、単なる理屈にすぎない

> 要点：理屈や想像だけに頼っていたら馬鹿にされる。

　ある大手スーパーの経営者は、「期末に何が売れて、何が売れていないか」を知るため、実際に店舗を回っていました。

　各商品の販売状況を理解するためだけであれば、売上後、コンピューターのデータを見ればわかります。しかし、この経営者は、現場・現物・現実の3現主義の考え方に立ち、「**どうしてこれが売れて、これが売れないのか**」という疑問を、具体的に知ろうとしたのです。

　この経営者の例のように、**事実を正しくとらえるためには、現場(店舗)に行き、現物(商品)を見る必要があります。理屈や想像だけに頼っていてはわからないことがあるためです。**

　机上で考えた理屈は、その時点では単なる理屈に過ぎないと思ったほうがよいでしょう。**理屈や想像だけに頼っていたら商売になりません。**

　「**あいつは現場を見ない、知らない**」と馬鹿にされる人がいます。このように、現場を見ない、知らない人というのは、会社のなかでの評価は低く、その人の意見にはあまり耳を傾けられない傾向があります。

　入社して、現場に配属された新人の方にとっては、現場を知るチャンスがたくさんあります。もし、希望とそぐわない部署に配属されたとしても、常に自分の会社の現場に目を向け、現場の情報や変化に関心をもつ姿勢を忘れてはなりません。いつか必ずそれが実を結びます。

1.4 仕事の結果を「見える化」しよう

> 要点：見える化で形のあるものへの改善が重要である。

改善活動を継続して実行していくためには、社長から一作業者に至るまで誰に対しても、仕事の結果が見えるようにすることが大切です。

ほとんどの人は、自分の仕事の悪さや問題を、はっきりとした形で現実に見せられれば、自分の置かれた状況を意識し、反省するものです。

例えば、ある製品について**「原料投入から完成に至るまで不適合率が5%以上もある」**という内容を単に文章で書いて、品質状況の報告書として人に見せるだけでは、関心が薄いままで、実感もわかないでしょう。

そこで重要となるのが**「見える化」**です。説明資料に、職場の自工程で発生した不適合品および不適合品内容、原因を記入し、さらに損失金額などを示して、誰にでも見られるようにしましょう。そのうえで問題点をはっきり説明すれば、職場で働く関係者の品質意識が高まり、各人に**「改善していこう」**という意欲が出てきます。

意欲のある職場風土をつくることで、不適合品を低減したり、品質向上、コスト削減に努めることができます。

職場の6大任務を知ろう

要点：職場の6大任務の改善で生産性を向上させる。

　どんな職場にも複数の任務があります。職場の任務を管理したり、改善するため、職場の任務を整理した以下の考え方は「**職場の6大任務(QCDSME)**」とよばれています。
　① Q(Quality：クオリティ、品質)：**品質を向上すること。**
　② C(Cost：コスト、原価)：**原価を低減すること。**
　③ D(Delivery：デリバリー、量・納期)：**量・納期を確保すること。**
　④ S(Safety：セーフティ、安全)：**安全を維持すること。**
　⑤ M(Morale：モラール、士気、やる気)：**やる気・人間関係を高めること。**
　⑥ E(Environment：エンバイロメント、環境)：**環境・条件を高めること。**
　以下に2項目を加え、7大・8大任務とよばれることもあります。
　⑦ S(Service：サービス)。
　⑧ CS(Customer Satisfaction：カスタマー サティスファクション、顧客満足)。

　会社の一員として仕事をするということは、上記の6大任務(7大・8大任務)の考え方にもとづいて、仕事を進め、その改善を行うということです。昨日よりも生産性・付加価値の高い仕事を目指すことで、その対価(給料)を受け取るのです。

1.6 職場の6大任務のポイントを知ろう

> 要点：職場の6大任務の改善で働きやすい職場をつくろう。

① Q（Quality：クオリティ、品質）

品物またはサービスが使用目的を満たしているか否かを決める評価対象となる固有の性質・性能の全体をいいます（以下の3つに大別）。

1) 会社が需要者（消費者）に提供する品物またはサービスの品質。
2) 自部門から他部門へのアウトプットの品質。
3) 各部門の仕事のやり方の品質。

② C（Cost：コスト、原価）

品物をつくる場合、材料の価格を下げるばかりが原価低減ではありません。例えば「生産高の向上」「歩行数の削減」を行うことも重要です。

③ D（Delivery：デリバリー、量・納期）

仕事に約束と期限はつきもの。決められた約束や期限を確実に守り、お客様や上司・先輩の満足や信頼を高めていくことは重要です。

④ S（Safety：セーフティ、安全）

安全の3原則（整理・整頓、点検整備、作業標準）と安全の4S（整理・整頓・清掃・清潔）を身につけ、習慣化することで安全を維持します。

⑤ M（Morale：モラール、士気、やる気）

コミュニケーションを抜きにして、職場での人間関係は成り立ちません。良好なコミュニケーションを行うことで、楽しい職場づくりを行えば、自ずと職場のモラールは向上し、社員のやる気が高まります。

⑥ E（Environment：エンバイロメント、環境）

社員が安心・安全で仕事ができるように、職場の環境（騒音、悪臭、汚れ、高温・高湿、明るさ・暗さ）を改善していきましょう。

行動する前に仮説は必ず検証しよう

> 要点：仮説は必ず1つずつ検証しよう。

　品質問題が発生した場合、まず、不適合品を観察し、その製造工程を調べることです。場合によっては、設計、生産技術、製造、検査、営業などの関係者を集めて、推定される原因を考えることが必要です。

　ただし、この段階で推定されるのはあくまで仮説です。過去の経験や聞いた話だけを正しいと思い込み、処置を行うのはとても危険です。

　仮説はあくまで仮説として必ず1つずつ検証しましょう。因果関係を正しくつかむことが大切です。それを怠ると真の原因をつかめず、問題解決に多くの時間がかかります。

　仮説を絞り込むためには、実験して得たデータから仮説が本当か否かを確認する「**検証**」が重要な作業となります。これは、事件の容疑者（推定される原因）に対する裏づけ捜査（検証）を通じて、真犯人（真の原因）を断定することに似ています。

　仮説への対処が、思い込みで失敗する事例は、しばしば起こります。特にその場しのぎの応急処置で対処する場合に起きやすく、そのまずいやり方のことを「**モグラ叩き**」とか「**現象対策**」といいます。また、**自分の経験や理論に過度にこだわってしまうと、調査・検証を怠りがちになり、それが仮説対処への失敗につながります。**

　社内でQCサークル活動（小集団改善活動）を行っていれば、仮説対処への失敗を減らすチャンスです。

　仮説はあくまでも仮説です。改善活動などを通じ、因果関係を調査して、仮説を検証することを心がけましょう。真の原因をつかんでから、関係者を説得することが重要です。

事実をしっかり捉えよう　その１

> 要点：事実とは「実際にあったこと」「本当のこと」である。

　事実とは、「実際にあったこと」「今、起きていること」「本当のこと」をいいます。**日本の道路を思い浮かべてください**。左側通行なので、道路の左側に車両用信号機があります。その３色の並びを思い出してください。このとき赤信号は右側でしょうか、左側でしょうか。道路右側にある車両用信号機の赤信号は、右側でしょうか、左側でしょうか。また、歩行者用信号機の赤信号は上側でしょうか、下側でしょうか。

　信号機は、多くの人が毎日、何回も、見ているものだと思います。しかし、多くの人は、ただ「赤は止まれ、青は進め」と判断するだけで、「どちらの側が赤か」と聞かれると、なかなか正確に答えられません。

　これと同様のことが、日々、私たちに起きています。例えば、**自分の職場環境、取り扱っている機械・設備、道具類（金型、治工具など）**、あるいは仕事のやり方、仕組みなどについてです。どれも慣れてしまえば、当たり前のことになって、細かいことを考えなくなってしまうことが多いのです。

　「慣れはこわい」といいます。自分の現状を、普段とは違った見方で、しっかり見つめ直すためにも、「今のままで本当によいのだろうか」と、日々、確認しましょう。

　もし、こういう疑問と日々格闘していれば、いざ「信号機の赤はどちら側？　青はどちら側？」式の問いが出たとき、すぐに対応できるはずです。そうすれば、周囲のあなたを見る目も、変わっていきます。

1.9 事実をしっかり捉えよう その2

要点：事実を捉えるには、3現主義とよくみることが重要である。

事実をしっかり捉えるためには、「現場で現物を観察し、その結果から得たデータにもとづいて現実を捉える」ようにしましょう。この考え方を「3現主義」といいます。このとき「よくみる」ことが肝心です。

① よく見る：情報収集力（広く、多く、遠く、をみる）。
② よく視る：分析力（問題意識と大きな基準をもってみる）。
③ よく観る：洞察力（さまざまな角度から物事の背景までみる）。
④ よく看る：傾向把握力（過去との比較や将来の予測をする）。
⑤ よく診る：①～④までを踏まえた正確な判断力。

日頃から上記5つの「よくみる」やり方を訓練しておけば、品質不適合品の問題が発生した場合など、以下のように対処できます。

❶ 眼前の不適合品（現物）の特徴について、「よく見る」。
❷ 「現物のどの部位に、どんな不適合内容が発生しているか」について、「よく視る」。
❸ どの工程で問題が起きたのか。作業者、機械、材料、作業方法など、どの要因によるのかを、「よく観る」。
❹ 不適合品は慢性的なものか、突発的なものか、傾向的なものかなど、「よく看る」。
❺ 上記を踏まえ、不適合状況を「よく診る」。

自分の目で新しい兆しを発見し、問題を発見・解決していくためにも、世界の状況や動きを「よく見る」「よく視る」「よく観る」「よく看る」、そして「よく診る」ことができるよう、日頃から訓練しておきましょう。こういった能力は、いざというときに必ず役に立ちます。

1.10 問題意識をもとう　その1

> 要点：問題がはっきりわかれば、その問題は半分解決している。

　皆様は「あなたの職場で現在抱えている一番重要な問題はなんですか」と聞かれたら、すぐ答えられるでしょうか。もしかしたら、「一番重要な問題」について、「わからない」「わかったつもり」かもしれません。

　問題解決の進め方や品質管理の考え方を勉強しても、定石を学んだだけのことにすぎず、**使わなければ定石は無用の長物です。学んだことは活かしましょう**。現場のなかに隠れている問題を見つけ出すのです。

　問題をはっきりと知るための第一歩は、常に何かと比較できる「モノサシ(尺度、基準・標準値)」をもつことです。そのために、問題意識を強くもつことが重要です。そして、「まず、何から手をつければよいか」を判断できるようにならなければいけません。

　問題意識を習慣化するには、手始めに優れているものと比較してみるのがいいでしょう。例えば「自社の職場と他社と比べて、どこが劣っているのか」「他社の製品に対して、自社の製品のどこが劣っているのか」などのようなことです。**問題がはっきりとわかれば、その問題は半分解決していると考えてもよいのです**。

　一見、解決できない問題があるかもしれませんが、自分の努力や仲間の協力、あるいは知恵次第で、解決できる問題にできる可能性は十分にあります。

　問題点を常に意識し、仕事に取り組めば、必ずあなたのスキル向上に結びつきます。

1.11 問題意識をもとう　その２

> 要点：問題とは、あるべき姿と現状の姿との差である。

　ここで問題を「あるべき姿(状態・水準)と現状の姿(状態・水準)との差(ギャップ)」と考え、探求する訓練を行えば、他人と比較する以上に深く考えることができます。「あるべき姿に近づけるには何を改善しなければならないか」を考えられるようになりましょう。

　具体的には、以下のようなことを実践してみるのがよいでしょう。

① 理想状態(何をしたいか、目的)を考える。

　「ムダのない仕事をする」「職場をきれいにする」など手近なものでも、「あの人のように仕事をする」でも、大丈夫です。

② 「不」の字のつく言葉を考え、現実に当てはめてみる。

　「不」のつく言葉は「困難」や「迷惑」といった実態が伴います。ここで、「不安」について、例えば「自社の将来が不安だ」という漠然とした問題点を掘り下げれば「売上が年々減少している」「品質トラブルが増えている」「現場が潜在クレーム(苦情)をつかんでいない」などのように考えられるでしょう。

③ 一人だけではなく、周囲の力を頼ってみる。

　現場の問題は自分だけの問題ではありません。例えば、「各人の不平・不満や苦労話を聞く場を設ける」「上司と自由に意見交換をする場を設ける」「ほかの当事者が過去どのような問題に取り組んでいるかを聞いてみる」など、他者とのコミュニケーションを通じて、問題の輪郭がはっきりしてくることがあります。

　一歩踏み出すことは、必ずあなたの財産となります。その訓練としてQCサークル(小集団)を活用するのはとても有用です。

1.12 5ゲン主義を実践しよう

要点：5ゲン主義で小さな改善を大きな成果に結び付けよう。

改善活動は、「昨日よりも今日をより良く、今日よりも明日をより良く」を活動の原理にしています。改善活動とは、活動をする人が、一つひとつの仕事のやり方について、「少しでも良くならないだろうか」「もっと良いやり方はないだろうか」と考え、「小さな改善」を積み重ねて、結果的に「大きな成果」を生み出していく重要な活動です。

改善に当たっては、物事の「原理」「原則」に従い、「現場」「現物」「現実」を見据えた「**5ゲン主義**」で実践することが重要です。これら5つの用語は以下のように定義されます。

① **原理**：ある物事がそれで説明できると考えられる根本的な理論。
② **原則**：基本的なルール（規則、法則、標準類）。
③ **現場**：職場で見聞きした状態。
④ **現物**：手を触れたり、よく観られた物。
⑤ **現実**：現在、認識している全体の状況。

こうした観点で「**物事を細かく観る**」ことが重要です。観察したことを「**データで表したり、分けて考える**」ことを習慣にしましょう。あなたが努力を続けれることができれば、必ず成果が上がります。

これに仲間の協力が加われば、得られる成果はさらに大きなものになります。

まずは**自分自身で努力すること**、そして**他者との協力を得ること**で、小さな改善を大きな成果に結びつけていきましょう。

1.13 クレームへの対処から新製品を生み出そう

> 要点：不への挑戦で画期的な新製品を生み出そう。

　世の中で「新製品」といわれる多くのものが、「不便だ」「面倒くさい」「やりたくない」と思うことを改善するための提案から生まれています。

　「お客様は神様だ」という言葉がありますが、特に大切にしなければならないお客様の声は「クレーム」となって現れます。英語のClaimには「損害賠償の要求をともなった苦情」という意味がありますが、日本では「ときに理不尽にも感じる苦情」と受け止められることが多いかもしれません。しかし、理不尽な苦情に思えても、**「お客様の声」として真剣に解決しようと努力していけば、すばらしい新製品や新サービスが生まれる可能性もあります。**「クレーム」を受けたときに、お客様を「わがまま」と捉えるだけでは、もったいないことです。日々の業務のなか、感情的にそう思うのは仕方ありません。しかし、一度は「クレーム」を「お客様の提案・要望」と捉え、冷静に「今、自分に何ができるのか」を考えましょう。感情に捉われ、単なる作業としてしか受け止められない人とその後の行動に大きな差ができるのは当然です。

　「クレーム」への対応は、改善提案や対策で「良いアイデア」を出すときにも役立ちます。つまり、あなた自身が理不尽に思える「クレーム」を出してみるのです。「不」のつく単語をベースに何か「クレーム」をつけてみましょう。例えば「不適合」「不具合」「不平・不満」「不揃い」「不快」「不明」「不安」「不審」など、「不」のつく用語は多いのです。ここから具体的な意見は数多く出てくると思います。

　一見突拍子もなかったり、くだらないと思える「不」も、具体的に検討していけば、**意外なアイデアが得られ、それが新しい提案となります。**

1.14 クレームへの対処から生まれた新製品について考えてみよう

> 要点：クレームへの対処とは、顧客の立場で解決策を見い出すことである。

　ボールペンは、安価なものから高価なものまで品揃えも豊富です。手軽に使える便利さのため、多くのユーザーに愛用されている代表的な筆記具です。

　この万能なボールペンにも、実は「クレーム」が寄せられることがあります。ボールペンを使っていると、インクの「とぎれ」「かすれ」の不具合が起きるものですが、これはノートや手帳を片手に、筆記する「**立ち書き**」の場合に発生しやすいことがわかっています。

　「立ち書き」とは、事務職や営業職、製造職など、どこの職場でも行われるメモ書きや、壁に貼られる展示物やカレンダーに書き込む「**壁書き**」のことを指します。**ある調査では、このときのインクの「とぎれ」「かすれ」の不具合の発生率は 70％という高い比率になりました。**

　皆さんはインクの「とぎれ」「かすれ」にイライラした経験はないでしょうか。大切な会議中に、あるいは、急いでいる打合せ中とか、しっかりとメモしたいときに、インクが「とぎれ」たり、「かすれ」たりするのです。その瞬間、きっとイラつくでしょうし、代わりのペンを探したり、直るように作業したなら、仕事の効率を下げます。

　こういう事情から、「クレーム」がメーカーに出ていたのは当然です。そして、**ある鉛筆製造会社では、インクの「とぎれ」「かすれ」を解消すべく、加圧式ボールペンを開発し、見事にクレームに対処しました。**

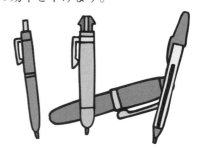

1.15 不具合対策は再発防止を重視しよう その1

要点：問題を掘り下げて、原因を追究し、再発防止策をとろう。

皆様は、仕事で不具合が発生したとき、その対策をどのように行っているでしょうか。目先の不具合現象に目を奪われ、根本的な原因を追究せず、表面的な応急処置（モグラ叩き）だけで済ませて「問題解決できた」としてしまい、次のようなトラブルが起きていませんか。

① 同じ不具合が再発している。
② 発見されるべき工程で不具合が発見されず、後工程で見つかる。
③ 不具合が慢性化しており、手がつけられない状態になっている。
④ 不具合の発生した工程のみに再発防止処置を行ったが、ほかの工程や類似部品にその成果を水平展開できていない。
⑤ 不具合の真の原因を抽出できていないせいか、仕事のやり方・仕組みの改善ができていない。

いずれも、真の原因の追究が甘かったり、表面的な処置で「良し」とする考え方に原因があります。

日々の業務のなか、何らかの不具合は起きるものです。その一つひとつに真剣に向き合うのは、精神的に大変なことでしょう。

これだけは改善したいと思うものだけでも結構ですから、不具合の真の原因を追究してみましょう。「なぜ？ なぜ？」を繰り返し、問題を掘り下げて、原因を追究し、それにもとづいた再発防止策をとることで、初めて本当の意味で再発防止策をとったことになります。

1.16 不具合対策は再発防止を重視しよう その2

> 要点：真の原因を追究するときは、調査・検証が必要である。

　再発防止策をとったつもりでも、応急処置（モグラ叩き）になっている場合が多いので注意しましょう。製造部門や事務部門でとられる対策には、ただでさえ応急処置（モグラ叩き）の段階で終わってしまっていることが多く、再発防止策まで踏み込む場合が少ないのです。せっかく再発防止策をとったと思ったのに、単なる応急処置でしかなかったというのは、悔しいではありませんか。

　応急処置を行えば、不具合が発生した場合に一時的に悪影響を除去できますが、あくまで一時しのぎの処置のため、いつか同じ問題が再発します。再発防止策をとっていると思っても、不具合を再発させてしまっては、応急処置しかとっていなかったということなのです。

　こうなってしまう理由は、**真の原因を追究したときの掘り下げが足りないか、あるいは掘り下げたことの「調査・検証」が足りないためです。**特に、問題を掘り下げて、考えられた要因を調査・検証することは重要です。思い込みや勘違いの可能性を排除するためです。

　探偵になった気分で、「なぜ？なぜ？」を繰り返し、真の原因（犯人）を解き明かしましょう。職場で起きる偽装や模倣、冤罪などに惑わされないためには、地道な「捜査」が重要になります。

1.17 周囲の4Mを考えよう

要点：生産活動の4要素(4M)は、ばらつきを生む要因である。

生産活動に必要な4要素には、以下の4Mがあります。
① 生産に必要な人(Man)。
② 機械・設備(Machine)。
③ 材料・部品(Material)。
④ 方法(Method)。

上記に「測定(Measurement)」を加えて5M、さらに「資金(Money)」を加えて6Mという人もいます。

生産活動の4要素は、「ばらつきを生じさせる要因(原因)」になり得るよう、要因の解析のときに下のイラストのような「特性要因図」の大骨に、よく採用されています。

これは営業部門など、サービス・事務部門でも使えます。以下の要因を、自社の特性に合わせ、いくつか組み合わせて活用してください。

- 担当者(Man)
- メッセージ(Message)
- 市場(Market)
- 売れ行き(Movement)
- 商品(Merchandise)
- モデル(Model)

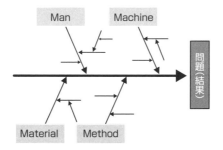

1.18 標準化とその管理を定着させよう

> 要点：標準化とは、目的・目標を達成する仕組みのことである。

　標準化とは、「誰でも間違えず、能率的に仕事ができるよう、仕事のやり方に一定の取決めをする考え方」および「日常管理のため、目的・目標を達成する仕組みや方法を決める考え方」のことを指します。

　標準化のやり方を活用することで、作業の重要ポイントが明確になり、誰もが能率的に仕事ができて、結果が安定して得られます。

　不具合対策に対する標準化(歯止め)が、単なる作業標準書の改訂になる場合があります。極端なケースでは、作業者への注意(精神論)だけで終わることも多かったりします。日常の業務に追われているなど事情があるのでしょうが、これで、時間が経過したり、作業者が変わったりした場合、似たような不具合が再発するのは当然のことです。

　皆さんのいる部署にも何らかの不具合があります。過去の不具合には対策がされています。これを一過性のものにせず、確実に蓄積するために、規定や基準類などに標準化(歯止め)するときに、「5W1H」を活用しましょう。「なぜ(Why)」「何を(What)」「誰が(Who)」「いつ(When)」「どこで(Where)」「どのように(How)」と具体的に行うのです。関係者に周知徹底をはかり、誰もが1番スムーズに行える方法を決めることが重要です。

　改善ノウハウ(対策)を、全社の財産として蓄積し、技術水準の向上に役立てていきましょう。

　標準化した内容確実に守れば、継続的に効果の維持・向上が見られます。それを管理するために、グラフやチェックシートなどを活用しましょう。異常発生時に処置がとれる状態にしておくことが重要です。

1.19 QC的なものの見方・考え方 その1
―品質第一とプロダクトアウト―

> 要点：QC的なものの見方・考え方は、お客様の立場での考え方である。

　QC（品質管理：Quality Control）とは、「お客様に満足・期待してもらうため、よい品物やサービスを、適正な価格で、タイミングよく提供するために行う活動」のことです。この活動をわかりやすく表したものとして「QC的なものの見方・考え方」があります。この考え方は、誰もが容易に使えるものです。これを実行することで、仕事への責任感をもって、効率的に進めることができ、後工程（消費者）には満足をしてもらえます。これは、製造業だけではなく、サービス・事務の職場でも広く活用されている考え方です。

　「QC的なものの見方・考え方」の1つに、「品質第一（マーケット・イン）」があります。これは、「企業組織が長期的に安定し発展していくためには、目先の利益だけにこだわるべきではない。あくまでも、お客様が満足する製品やサービスの提供を第一に考えるべきだ」という考え方です。「当たり前じゃないか」と思われるかもしれませんが、日々の業務に追われていると個人の都合や組織の論理で忘れられてしまうこともあります。

　このように、つくる側や提供する側の立場で、**製品やサービスをお客様に押し付けること**をプロダクト・アウトともいいます。

　品質第一の考え方は、一見当たり前であるため、チームや組織の一員として、この考え方を日々実行していくことは必要不可欠となります。

QC 的なものの見方・考え方　その 2
―後工程はお客様と PDCA ―

> 要点：自分たちの仕事の結果、影響を受ける人たちはお客様である。

「売上の増大」「原価の低減」「生産性の向上」という目先の数字よりも、品質の向上を第一として活動することで、原価や生産性は結果としてよくなります。ここで問われるのがある種の問題意識です。お客様にとっての「**最適の品質**」を考え、それに近づいていく努力をするためには、この問題意識が不可欠となります。

ここで重要になるのが、「QC 的なものの見方・考え方」にある「**後工程はお客様**」という考え方です。これは「**自分たちの仕事の結果の影響を受ける人たちは、すべてお客様である**」という考え方です。

この考え方では、自分たちの都合だけを考えるプロダクト・アウトの仕事ではなく、後工程からの情報のフィードバックを十分受けるべきだと考えます。後工程に満足してもらえる仕事をするにはどうしたらよいかを常に考え、品質第一の仕事をしていくことが重要になるのです。

こうした「品質第一」「後工程はお客様」の考え方を十分実行するためには、「①　計画(Plan)」「②　実施(Do)」「③　チェック(Check)」「④　処置(Act)」の 4 つのステップの一つひとつを確実に行うことが重要です。

各ステップの内容は、次のとおりです。

① **計画**：目的・目標を決める。目的を達成するための方法を決める。
② **実施**：目的に関わる人々を教育・訓練する。計画を実施する。
③ **チェック**：結果を目標と比較しチェックする。結果に問題があれば、要因(原因)をチェックする。
④ **処置**：応急処置をとる。解析を行い、根本原因を究明し、根本

対策(再発防止、未然防止)を実施する。標準類を改訂または新設する。

この4つのステップは、目的を達成するまで繰り返し行うことから「管理のサイクルを回す」とか「PDCAを回す」といいます。

■ PDCA の例

目的：3時間の練習で1輪車を直線10mは乗れるようにする。

P	① 平均台のような細い物に乗り、平衡感覚を養う。 ② 1輪車に乗り、静止状態を長時間維持する。 ③ ペタルをこぎ、長時間乗れるようにする。 ④ 2本のラインの内側を走り、直線乗りを行う。
D	・ステップごとに目標をクリアするまで練習する。
C	・目標とした10m以上乗れたか、距離を測定する。
A	・未達成の場合、どのステップに問題があったかを検討し、練習項目を追加して、再度練習する。

QC的なものの見方・考え方　その3
—事実にもとづく管理と人間性尊重—

> 要点：品質管理の世界では、常に事実にもとづくデータがあるかが問われる。

　「QC的なものの見方・考え方」には、「**事実にもとづく管理（ファクト・コントロール）**」も重要です。実際に今起こっている本当の事実を認識することは案外難しいものです。なぜなら、人はよく勝手な推測や思い込みをしてしまうためです。**事実を正しく認識するためには、正しく見ることから始めましょう。**それには、まず現場や現物の観察や実験によって得たデータにもとづき、行動することが重要になります。

　この際、重要となるのが「**源流（上流）管理**」の考え方です。これは、お客様の満足する製品・サービスの品質を明らかにするため、仕事の仕組みを明らかにし、その源流（上流）へと遡り、製品・サービスの基本的な機能や要因を掘り下げて、管理していく考え方です。**例えば、「検査による品質保証」から「製造における工程自主保証」へ遡り、さらに「企画・設計・生産・技術段階における品質保証」へ遡った考えです。**

　品質不適合を撲滅するなど、製造問題だけでなく、新規市場の開拓や売上高の拡大などの課題を達成する場面においても、源流管理の考え方は重要となります。

　品質管理の世界では、常に「事実にもとづくデータがあるのか」が問われ、「データにもとづいて物事を決める」ことが重要視されます。そして何かを実行するときには、限られた生産要素（ヒト、モノ、金、時間、情報、技術など）で大きな成果を上げることが求められます。その際、考えられる多くの要因のなかから大きく影響を与えているかを突き止め、「**最も必要となり、最優先でしなければならないこと**」を重点的に選択し、実施していく「**重点思考**」を実践していくことが重要です。

さて、こういった実践の際に重要となる考え方が「プロセス思考」です。これは今では当たり前の考え方かもしれません。つまり、仕事の結果の善し悪しを決めるのは、実際の仕事のプロセスであるという考え方です。

　良い仕事（結果）を行うには、プロセス（仕事の仕組み・やり方）を管理し、仕事の仕組み・やり方を改善していく必要があります。

　プロセスの管理の要点は、「工程で品質をつくり込む」といわれています。これは、4M（1.17節）や計測、環境などの要素をしっかりと標準化（1.18節）し、管理していくことで達成できます。

　「QC的なものの見方・考え方」には以上に述べるような実務的な考え方がありますが、その根本には「**人間性尊重**」の考え方があります。

　それは、企業が存続・発展を続けていくため、企業で働く人々の人間性を尊重する考え方です。「人間性尊重」の考え方をすることで、職場で良好な人間関係を形成するためのコミュニケーションが可能となり、働く喜びややりがいを働く人々すべてがもてるようになります。

　『QCサークルの基本』（日本科学技術連盟）では、「人間性尊重」の考え方を「QCサークル活動の基本理念」で述べています。

　つまり「人間の能力を発揮し、無限の可能性を引き出す。人間性を尊重して、生きがいのある明るい職場をつくる。企業の体質改善・発展に寄与する」ということなのです。

　このように、従業員を単なる労働力と見ず、従業員一人ひとりの自主性、創造性を認め、主体的に活動する人間として尊重していこうという考え方が「人間性尊重」です。

お客様の使う立場で仕事をしよう

> 要点：お客様の立場を常に考えて、現場に挑める人になろう。

　自分たちがお客様に提供する商品に対しては、お客様が使って満足感や安心感が得られるような仕事をしましょう。例えば、パソコン、携帯電話、テレビなどを製造しているある工場の社員は「**自社製品をつくる心は、自社製品を使う心**」という使う人の立場に立った気持ちで製品をつくっています。

　当たり前のことを実行し続けることは、案外難しいものです。こうした心構えも、なかなか実行できないのが現状ではないでしょうか。

　現在の大量生産方式では、パソコン1台を製造するにも、何十人という人の手によって製品が完成していきます。つまり、分業体制のため、一人ひとりの仕事については、担当している範囲だけに捉われ、製品（商品）を手にするお客様のことを忘れがちになるのです。

　現場に携わるならば、常に「商品（モノ・サービス）をつくるときの心構えは、商品の提供を受ける人々の立場に立って考える心構えである」ことを心がけましょう。あくまでお客様の使う立場で、自分の仕事をしていくことが重要です。

1.23 あなたの給料の源泉を考えよう　その1

要点：常にお客様の立場で実践する姿勢を身につけよう。

　私たちが受け持つ仕事には、1人で完成できるものはそう多くはありません。すべての仕事には必ず前・後工程（関係）があり、それぞれの担当者がそれぞれの工程で役割を果たしています。

　十分な仕事を行うためには、その前・後工程の内容をよく理解しましょう。自分の仕事をはっきり認識したうえで、前・後工程の協力関係を維持し、より良い人間関係を構築したうえで、十分な仕事をしていくことが大切です。

　しかし、この現代、企業・職場の環境変化は全体的に激しくなっており、日ごとにその厳しさは増してきています。過去の仕事の仕組みややり方が、いつまでも受け入れられるという保証がないのが現実です。

　あなた自身が組織内部で役割を果たし、その組織の存続や発展に貢献する理想的な関係を築いていくためには、働く者一人ひとりが、「どうすれば私たちが提供する製品（商品）やサービスがお客様に喜ばれ、受け入れられるのか」を真剣に考えていくことが重要です。

　そのためには、1.22節で述べたように、常にお客様の立場（視点）に立ち、ものを見たり、考えたりしながら、実践する姿勢を身につけていくことが重要です。

1.24 あなたの給料の源泉を考えよう その2

要点:職場は自分の能力を活かす人間形成の場である。

企業活動とは、投入した資本と労働力が、それ以上の価値(利益)を生み出す目的があって行われています。「利益」とは単なる「儲け」を意味するのではありません。「**私たちの知恵や技術が効果的、効率的に投入され、新しい付加価値にできたこと**」を社会が認めてくれた1つの証明でもあるのです。このように、利益を獲得することは、会社の目的であると同時に、「社会の要請に応えたバロメータ」でもあります。企業活動では「お客様」意識が重要になります。「**お客様から給料をいただいている**」ともいえるからです。

企業組織の目的・目標の達成を常に認識し、お客様の期待に応えていくためにも、担当する仕事については、「**誰にも負けない第一人者**」**を目指しましょう**。自分の仕事に自信と誇りをもち、驕らず、歳をとっても、プロ根性に徹して、誰にも負けないくらい生産性の高い仕事をしていくことが重要です。

自分の仕事に働きがい、生きがいを感じていけるのならそれはすばらしいことです。**職場を「自分の能力を十分に活かす、人間形成の場」と捉えましょう**。より良い人間関係を保持できれば、生産性の高い仕事がしやすくなり、あなたの人生に役立ちます。

給料はどこから出るのか

1.25 品質管理と品質保証の違いを考えよう
―手段と目的の違い―

要点：品質管理がうまくいかないと、品質保証に問題が起きる。

　品質管理(QC：Quality Control)とは、「お客様に満足・期待してもらうために、良い商品を、適正な価格で、タイミングよく提供するために行う活動」のことです。

　品質保証(QA：Quality Assurance)とは、「消費者が安心かつ満足して買うことができ、使用したときに安心感、満足感をもてる商品を、長く使用できる品質であると保証するために行う活動」のことです。

　「品質管理を行う目的は、お客様に自社製品(商品)のリピーターとなってもらえるような品質保証をすること」といえます。品質保証の目的を達成するための手段が品質管理です。**品質管理「を」行うのではなく、品質管理(手段)「で」品質保証(目的)を達成します。手段と目的を間違えずに活動しましょう。**

　いくら品質管理を行っていると自覚しても、不適合品や返却品が多発していた場合、品質管理を行っているとはいえません。「企業経営のすべては品質管理である」といわれていますが、品質管理をあまりに広く考えすぎて、肝心の品質保証を忘れ、形だけ整えた品質管理にしないことが重要です。

　例えば、製造工程における品質保証の場合、設計が品質(図面や仕様)といえます。仕様である設計品質(ねらいの品質)を、確実に製造する(できばえの品質にする)ことが重要です。ここで、**自工程で「不適合品をつくらない」、後工程へは「不適合品を送らない」**ことが重要です。

保証と補償の違いを考えよう

要点：補償しても、保証したことにはならない。

「保証」と「補償」は同じ意味ではありません。この2つの言葉は明らかに違うものです。

保証とは、「確かさを請け合うこと」であり、「保証人」など、保証責務を負う人の意味で使います。この言葉には、将来の結果に対して責任を負う意味が込められているのです。

これに対して、**補償**とは、「損害を補い、償うこと」を意味します。そのため、「補償を必要とする製品をつくらない」、つまり、「お客様に不具合品を提供しない」ことが重要となります。もし、不具合品を提供してしまったら、悪いものは悪いものとして認め、即座に適合品に取り替えたり、無償で修理に応じましょう。

しかし、補償しても、お客様の心をつなぎ止められるかは不明です。保証したことにはならないからです。お客様に満足してもらうためには、「保証できる確かな仕事」をしていくことが重要です。

1.27 ISO 9000 ファミリーについて考えよう　その1

> 要点：形骸化・ペーパー化の ISO にならないようにしよう。

ISO は、International Organization for Standardization（**国際標準化機構**）の略称です。企業を取り巻く経営環境の変化に対して、各企業が取り組んでいる諸活動の1つに、ISO ファミリーの認証取得がありますが、特に ISO 9000 ファミリー規格の認証取得は、とても重要です。

ISO 9000 ファミリー規格は、ISO によって 1987 年に制定された品質管理および品質保証の規格のことです。この規格は、製品の形状や性能など、「製品そのもの」の規格ではなく、「企業の品質保証体制についての仕組み」、つまり**企業の品質マネジメントシステムについての要求事項を規定した**ものです。

この規格は、国内および国際取引における相互理解を容易にするため生まれました。規格の基本的な考え方は、要求事項（規格）の形で反映されています。例えば、「お客様が、供給者（メーカーなど）に対して、仕事をするときには、このようにしてください」といった内容で構成されています。

規格の構成は、次のとおりです。
① ISO 9000：2005　品質マネジメントシステム—基本及び用語
② ISO 9001：2008　品質マネジメントシステム—要求事項
③ ISO 9004：2009　組織の持続的成功のための運営管理—品質マネジメントアプローチ
④ ISO 14001：2004　環境マネジメントシステム—要求事項及び利用の手引

1.28 ISO 9000 ファミリーについて考えよう その2

要点：ISO の実践は QC サークルのリーダー・メンバーが主役となる。

　ISO 9000 ファミリー規格を取得するときには、審査登録機関が申請企業や事務所の品質マネジメントシステムについて、「ISO 9001 規格の要求事項を満たしているかどうか」を、実際に審査・確認します。審査に合格すれば、合格証書(登録証)が交付されます。

　要求事項(規格)の適合性を公平かつ客観的に証明するためには、このように第三者機関の審査を受け、認証されなければなりません。もし認証されれば、それは信頼される会社の証(あかし)となり、お客様の信頼も高まり、海外の仕事がやりやすくなります。

　ISO の取得は、職場全体がその中心となり、その実践の主役は、QC サークル(小集団)のリーダー・メンバーの人々となります。

　自分たちの仕事のやり方や仕組みを標準書に落とし込んで、確実に守りながら、実行していきましょう。それが規格取得の決め手になります。

第2章

仕事の基本の実践

2.1 １日も早く一人前になろう

> 要点：仕事は、あくまでも相手の立場に立って考えて行う。

　会社にいる人々は「あなたに１日でも早く一人前になって欲しい」と、ふつう願うものです。とはいえ、新入社員のあなたに、上司や先輩は「早く一人前になれよ」とハッパをかけるようなことは、ふつうしないと思います。きっと「ゆっくりでいいよ。あまり焦らないように」などと懇切丁寧にあなたを指導してくれるでしょう（もちろん例外はありますが）。

　しかし、そういった言葉に甘え「新入社員だからゆっくりでいい」などとのんびり構えていてはいけません。「ゆっくり、徐々に、焦らず」ではなく「少しでも早く、一気に」という積極的な姿勢が必要です。

　正確に仕事ができても、速さが伴わなければ一人前に扱われることはありません。開き直って、のんびりマイペースで仕事をしているようでは「やる気のない社員」と見られてしまいます。

　職人の世界では、「一人前になるために必要な技術は教えられるものではなく、盗むものだ」ともいわれていましたが、現在では、**仕事（＝業務＋改善）**は、盗むものではなく、伝承されるものとなりました。しかし、一人前になろうという自覚とそれに伴う積極性は必要です。

　相手の立場に立って物事を考え、行動する「思いやり」と、期待された仕事に対する「思い入れ」をもちましょう。それがないと、期限が遅れたり、未達成に終わって、会社・部署に迷惑がかかりますし、任された自分自身にも達成感・満足感は生まれません。

人の質の向上が業績向上に結びつく

> 要点：人の質を向上させることが、企業を支え、成長させる原動力となる。

　一時的に生産性を向上させる、また収益性を向上させることは難しいことではありません。それより難しいことは社員の質を向上させること、つまり「**人づくり**」です。企業の存続・発展のためには、社員一人ひとりに生産性の高い「**儲かる仕事**」をしてもらわなければなりません。その仕組みを実現するためには、何といっても「**社員の質の向上**」が必要不可欠で、そのために、「**人を育てること**」「**人を磨くこと**」「**人を鍛えること**」が重要となります。人の質を向上させることが、企業を支え、成長させる原動力となるからです。

　社員自らが自己や相互の研鑽に努めるとともに、部下を預かる管理・監督者は、計画的、継続的に、部下を育成し、人財（企業で財産となる人）にすることに努めることが**重要です**。

　月刊誌『クオリティマネジメント』（日本科学技術連盟、2006年、Vol.57）の「新春スペシャル対談」に掲載されていた、トヨタ自動車の渡辺社長（当時）の言葉がとても参考になるので、以下に引用します。

「ものづくりは人づくりです。ものづくりの仕組みをつくるのが人なら、それを守り改善していくのも人です。人の能力を伸ばし、生き生きと働ける企業風土をつくれば、ものづくりの力も自ずと向上します。」

「個人の能力向上については、夢・志・ビジョンをもち、自分の身の丈を知り、そのギャップを埋めることです。これは個人だけでなく、職場も同じです。現状把握の重要性は会社全体にも当てはまります。」

仕事を教えてもらうときは、必ずメモをとろう

> 要点：メモをとらずに聞くと、あなた自身が損をする。

　基本的なことかもしれませんが、上司や先輩から仕事を教えてもらうときは、必ずメモをとりましょう。「相手の話の重要な点を絶対に聞き漏らさない、書き漏らさない」「相手が話したことをできる限りメモする」心構えが重要です。注意すべき点は、特に知らない仕事や慣れない仕事の場合、上司や先輩の話の重要度を、あなたが勝手に判断してはいけません。話の内容を取捨選択して、要領よくメモに書き込もうとしたり、中途半端に要点を整理しようとすると、どうしても書き漏らしが出てしまいます。まだ、よくわからないうちは、上司や先輩が教えてくれることをすべて重要な内容だと思って、しっかりメモをとりましょう。

　上司や先輩は、早く一人前の仕事ができるように一生懸命に話をしてくれるものです。そのとき、メモをとらずにいい加減に聞くということは、上司や先輩に対し失礼になるばかりか、「教えよう」という気持ちを奪ってしまい、結局、あなた自身が損をすることになります。

　書き漏らさないためには「何のためにメモをとるのか」「何が議題になっているのか」「何が重要なのか」について、上司や先輩に質問していきましょう。試行錯誤し、自分なりの価値判断を身に着け、1人で意識できるようにします。1.21節で述べた「重点思考」の精神が重要です。

　上司や先輩の話が終わった後は自分なりにまとめ、指導された内容の再確認や自主学習し、仕事を覚えるのです。

2.4 基本どおりの仕事ができているか、自己チェックしてみよう

> 要点：仕事の基本を学べるチャンスは、新入社員のときしかない。

　会社に就職すると、どこか特定の部門や部署に配属されます。そこで、あなたは、自部署の目標を達成するため、それぞれの立場や役割に応じ、上司や先輩と相談したうえで、自分の目標を設定し活動することになります。そのためには、自分の置かれている立場や自分に求められている役割を理解することが重要です。

　仕事の基本をしっかり学べるチャンスは、あなたが新入社員である今しかありません。新入社員のうちしか、上司や先輩が基本を何度も繰り返し教えてくれる機会はないのです。学生時代、進級や進学した後に「もっと勉強しておけばよかった」と思ったことはありませんか。後悔するのは受験のとき、就職活動のときだったりするでしょう。

　新入社員の時間を無駄にすると、困難な問題・課題に直面したとき、大きく後悔します。多くの人にとって学生時代は 11 〜 16 年ほどしかありません。この社会で、多くの人は定年まで 40 〜 45 年ほど仕事をするようになっています。**学生時代と比べ働く年数は 3 倍はあるのです。**その時間を無駄にしないためにも、新入社員時代に基礎をおろそかにしないことが重要です。

　気をつけるべきは、配属された職場の雰囲気にも慣れてきた時期です。慣れのせいで「あいまいさ」を妥協してしまう癖をつけてはいけません。妥協を繰り返して、培った基礎や知識が崩れ、思わぬ災害や不具合を招く結果にもなります。例えば、最初は作業標準書どおりに仕事をしていたのに、慣れで抜け落ちを許容するなどです。こういったことを許さない姿勢が重要です。

聞くこと見ることすべてが先生、師匠である

> 要点：相手の良いところは大いに学び、自分のものにしよう。

　突然ですが、今まであなたが生きてきたなかで、先生とよべる人はどういう人だったでしょうか。学校の教師や習い事の師匠以外に誰か思い浮かぶでしょうか。おそらく、思い浮かばない方が多いと思います。

　本書の対象である入社1～2年目の新入社員の方にとっては、直属の上司だけでなく、**会社の全先輩が新しい先生や師匠**となります。社内にいる良いお手本を探してみましょう。悪いお手本もありますが、それとて反面教師です。仮に「大したことない」「こうすればいいのに」「自分だったらこうする」と考えることがある場合、その先を考えることが重要なのです。悪い見本や事例からも見習いましょう。例えば、入社したての頃は、上司や先輩が関係会社やお客様に電話をかけたときの話し方や聞き方、態度などが特に勉強になるでしょう。

　あなたの意識次第で、先生、師匠はあなたの周りに多く存在することになります。学校と違って、自分が動かなくても教えてくれる人は会社にいません。例えば、会社を訪ねてきた取引先の担当者の態度、応対の仕方などからも学ぶものがあります。ふだんの生活でお金のやりとりをするスーパーやデパートの店員やレジ係すらも先生となりうるのです。

　相手の良いところは大いに学び、自分のものにしましょう。あなたがお客様の立場に立ったとき、何も意識せずに漫然と過ごすのではなく、スーパーやデパートの店員が顧客に対応する仕方をよく観察することも、大変勉強になります。街中で見かける接客態度を注意深く観察してみてください。自宅に訪ねてきたセールスマンの話の切り口や応酬も同様です。**自分の仕事に置き換えて利用すべきです。**

2.6 雑用すら満足にできない人には、大きな仕事も任せられない

> 要点：小さな仕事の積み重ねがあって、初めて大きな仕事が任せられる。

　仕事が大きくなればなるほど責任も大きくなります。同時にやりがいも大きくなってきます。どうせ働くならば、やりがいのある仕事をしたいと思うのは誰しも同じです。

　規模の大きな仕事、働きがいのある仕事をしたいなら、まず小さな仕事から着実にこなし実績をつくっていくことが重要です。小さな仕事の積み重ねがあって、初めて大きな仕事が任せられるのです。

　新入社員が最初に任せられる仕事は、大抵は簡単な雑用です。だからといって、「雑用ばかりでやる気がしない」とボヤいてはいけません。そういう人に限って、雑用すら満足にできないものです。そういう人には重要な仕事は任せられません。

　小さな仕事を着実に行い、実績を積み重ねることによって、身につけた物事への姿勢や苦労した経験は、あなたが大きな仕事を任されるようになったとき、必ず役に立ちます。**会社の仕事を少しでも早く覚えるためにも、雑用や仕事の補助など、何でも積極的に経験することが大切です。**

　あなたが雑用と思う仕事でも、視点を変えれば大切な仕事となり得ると意識することが重要です。例えば、「誰かちょっと手伝ってください」と声がかかったときには、「やります」と自ら進んで手を挙げましょう。このような姿勢は、次の新入社員である後輩を指導するときにも、大きく役に立ちます。

2.7 できるかできないかは、上司が判断することである

> 要点：どんな仕事でも、チャレンジ精神で積極的に取り組んでいこう。

　上司から「やってみろ」と指示された仕事は、「自分でできるかどうか心配だ」などと考えずに、すぐにとりかかることが重要です。「やります」と返事して積極的にチャレンジしてみましょう。「やったことがないからできません」といって、尻込みしていては、いつまでたっても仕事は覚えられません。

　上司が「やってみろ」と指示する目的は、部下に対する教育や訓練にあります。場合によっては、権限や裁量を委譲し、部下に任せるつもりかもしれません。

　経験不足で不安が先に立ってしまうと何もできなくなるかもしれませんが、部下のあなたは余計な心配をする必要はありません。

　今あなたがもっている多少の経験や知識は、ほとんど役に立たないものと考えたほうがよいでしょう。役に立つどころか、中途半端な経験や知識がかえって思わぬミスを招くことにもなります。

　未経験だからこそ早く仕事を経験して、習熟すればよいのです。どんな仕事に対しても、「まずはやってみよう」のチャレンジ精神で積極的に取り組んでいきましょう。

　私たちは、仕事の対価として給与をもらっているため、給与をもらえるための生産性の高い仕事をしていく責任があります。これをきちんと認識しておきましょう。

2.8 どんな相手に対しても、迷惑をかけたらすぐに謝まろう

> 要点：取引先やお客様に迷惑をかけたときは、早く、素直に謝ろう。

　仕事に失敗はつきものです。新入社員のあなたも、これからいろいろな失敗を経験していくことになるでしょう。

　失敗をしたときに大切なことは、「事後処理をどうするかを考える」「二度と同じ失敗をしないようにする」ことです。しかし、その前にもっと大切なことがあります。それは、まず素直に過ちを認めて、「**すぐに謝る**」という姿勢です。

　仕事で失敗して上司や先輩に叱られることは、仕事が増えるに従って増えてくるでしょう。そんなとき、言い訳をしたり、開き直った態度をとったりしてはいけません。素直に自分の過ちを認めて、「申し訳ございません」などと謝る言葉を、まず最初に一言述べることです。

　謝る相手は、何も上司や先輩に限りません。年下の人、立場の弱い人などに対しても、あなたが迷惑をかけたら、一言謝ることが大切です。

　取引先やお客様に迷惑をかけてしまったときでも、**素直に「申し訳ございませんでした」とすぐに謝れば、逆に、あなたを評価してくれたり、好感をもってくれたりすることもあります。**

2.9 クレーム対応への考え方を知ろう

> 要点：電話の上手な対応を身につけよう。

　大手企業では「**お客様相談室**」を設置し、お客様からのクレームや問合せなどへの情報提供を行っています。そこでの**クレーム対応は、お客様との十分なコミュニケーションを図りながら、諸問題の解決に努めて**います。製品の不具合に対する際には、「お客様は、お忙しいなか、わざわざ連絡してくれている」との感謝の気持ちをもち、丁寧に対応することが重要です。

　大半の企業にとっては、詳細な不具合の内容を聞きつつ、お客様に謝り、その憤りを沈めることが基本的な対応になるでしょう。

■**電話対応で慎まなければならない事項**
　×「人手が足りないので」　単なる言い訳の表現。
　×「担当でないのでわかりません」　責任逃れと受け取られる表現。
　×「〜しかないんです」　相手の気持ちを萎縮させる否定的な表現。
　×「ですが、だって〜なんです」　拒絶を示す表現。
　×「はい、はい、はい」　相手の話をさえぎるような表現。

■**電話で上手な対応のしかた**
　◎**会話を始める表現**　「この度は、私どもの力不足(不備)から大変ご迷惑をおかけ致しまして、誠に申し訳ありませんでした」
　◎**御礼の表現**　「○○様のお叱りを真摯に受け止め、今後に活かしていきたいと思います。今後も貴重なご意見をお聞かせください」
　◎**会話を終える表現**　「私、○○が確かに承りました。今後ともよろしくお願いいたします。お電話ありがとうございました」

仕事の期限を意識しよう

> 要点：期限のない仕事は、仕事とはいえない。

「2日ほど期限が遅れて申し訳ございません。理由としては……」。会社にいると、こういうやりとりを見かけるのではないでしょうか。理由があるにせよ、このような期限遅れがあると、その場はしのげても信用が失われてしまいます。

　私たちの仕事には、期限がついてまわります。仕事を行うときには、関連する物事について、将来にわたって取り決めるからです。例えば、図面を仕上げる仕事を任された設計者は「いつまでに」という期限を守らなければなりません。どんな仕事でも、これは同じです。

　ある部署、あるいはある担当者が期限を守らなかったために、後工程の人たちに大きな迷惑をかけたり、ムダな費用が発生することが起こると、お客様に多大なご迷惑をかけてしまいます。

　お客様からの信用を失うことは容易ですが、信用を得ることは容易ではありません。しかも、一度失った信用を挽回するには大変な時間と費用がかかります。

　私たちが、製品（商品）・サービスなどを買ってもらうお客様から間接的に給料をもらっていることを忘れてはいけません。

　お互いに決められた期限を確実に守ることが、お客様の満足と信頼を高めていく前提となります。

第3章

報告・連絡の実践

3.1 悪い出来事こそ早く報告しよう

> 要点：悪い出来事は、早く「結論⇒理由⇒経過」の順で報告する。

　悪い出来事は、誰でも仲間や上司に報告したくないものです。そのため、悪い出来事を隠してしまい、後になって取返しのつかないほど大きな問題に発展する場合があります。

　ある化粧品会社のハンドクリームの製造工程の話です。大窯の中で自動攪拌された粘土状の成分を検査するため、検査員が装置を止め、窯にビーカを入れてすくいとる作業があります。この日の検査でも結果は合格し、作業は続行されました。夕方にはチューブの容器に1,000本ほど詰められ、梱包も終了し、出荷寸前になっていましたが、翌日の朝、検査員が、「ビーカの一部が割れ、窯の中に一部の破片が入っている可能性がある」と上司に報告しました。その情報が社長に報告されると、**社長は何よりもまず、万が一にも、被害を出さないために、全製品を出荷止めとし、廃却処分をするよう命じました。**

　検査員本人にことの重大さがわからなかったのかもしれませんが、「報告したら上司に叱られる」と恐れた可能性もあります。

　どちらの場合も「逆順法」で報告すればよかったのです。逆順法では「結論⇒理由⇒経過」の順で報告します。まず結論を先に話すのです。結論で終われば終了で、理由を聞かれて初めて話せばよいのです。悪い出来事を報告しなければ、もっと大きなストレスを味わうはめになります。

3.2 5W1Hを意識しよう

要点：事実を正しく伝えるには、5W1Hで内容の抜け落ちなく整理する。

　事実を正しく伝えるとき、事実にもとづき作業を行うとき、作業の標準化を行うときなどは、5W1Hで整理すると、その内容に、抜け落ちがなくなります。

　5W1Hには、以下の5つがあります。
　① Why：なぜ（理由、目的）。
　② What：なにを（対象）。
　③ Where：どこで（場所）。
　④ When：いつ（時期）。
　⑤ Who：誰が（人）。
　⑥ How：どのように（方法）。

　5W2Hもあり、その場合は以下が加わります。
　⑦ How much：いくら（費用）。

　5W3Hもあり、その場合は以下が加わります。
　⑧ How many：いくつ（数量）。

　例えば、「指示・命令の受け方」「報告の仕方」「電話のかけ方、受け方」「報告書の書き方」などの場面で、5W1H（2H、3H）を念頭におき、情報の整理をしておきましょう。取り扱う情報の内容に抜け落ちがなくなれば、自然と業務効率が向上します。

3.3 考えて行動する人になろう

> 要点：常に考える習慣を身につけることで、やる気や元気、勇気が出てくる。

　私たちの仕事は、単に上司（管理者、監督者）からいわれたことだけを行えばよいのではありません。「職場での良好な人間関係」は、そこでの働きやすさや、生産性の高さに関係してきます。それは、職場で働く私たち個人が考えて行動していかなければ実現しないものです。

　働きやすい職場を実現するためには、自分の身の周りや仕事の進め方などについて、「ムリ、ムダ、ムラはないか」「より楽に、より早く、より正確に、より安全に、仕事ができないか」を探し出しましょう。良いアイデアがあれば、皆で共有し、改善に結びつけていくことが重要です。

　私たちは、常に考える習慣を身につけることで、やる気や元気、勇気が出てきます。行動し続けることで、人間として成長します。

　仕事は毎日同じような内容が続きますから、効果的・効率的に作業をし、楽になったほうがよいに決まっています。**自分たちの仕事を一番よくわかるのは上司ではなく、私たち自身自身なのです。**

　仕事の善し悪しを判断することは、担当者以外には、なかなかできないことです。仕事に携わる当事者がよく考えて行動することで、組織の大きな成果につながっていくのです。

　つまり、会社で働く皆の考えと行動が、お客様に満足と信頼していただける商品に生まれ変わっていくわけです。先を見通した行動をとることが重要です。

情報漏れを防ぐためのルールを知ろう

要点：情報漏れを防ぐために社内ルールを事前に確認し理解しよう。

　2003年に個人情報保護法が施行されて以降、国内の個人情報や機密情報が含まれる書類やデータの取扱いが厳しくなりました。

　多くの企業では、社外への書類やデータの持ち出しを禁じています。また持ち出しだけでなく、破棄する場合にもルールを設けている企業もあります。個人情報の取扱いを一歩間違えてしまうと、重大な情報漏えいにもつながり、ときには社会問題に発展するだけでなく、顧客の信頼を失い、大きな企業損失を招くことにもなるからです。

　あなたの会社にも、情報の重要度に応じて、報告方法、保管方法、破棄方法など、一定の取扱いルールがあります。

　新入社員であっても、組織の一員なら社内の情報を扱うわけですから、そういったルールを事前に確認し、理解しておく必要があります。

第4章

原価意識を高めるための実践

 ムリとは何か？

要点：ムリを改善し、仕事をやりやすくしよう。

「ムリをしないように」「ムリをなくそう」という人がいますが、**ムリとは、「目的に対して、手段が小さすぎる状態」**をいいます。

例えば、3トンの荷物を2トン積みのトラックで運ぶような状態がムリのあることなのです。これを強行するとタイヤがパンクしたり、壊れたり、あるいは積載オーバーで交通規則違反になり、さらにブレーキの効きが悪くなり、カーブを曲がりきれず事故につながることもあります。こういったことは、**まさに目的に対して、手段が小さすぎる状態「ムリ」**から生じたものです。

生産作業や事務作業での効率の悪さなどは、こういったムリが大きな原因の一つになっている場合がかなり多いのです。

職場で効率よく働くためには、自分の身の周りにムリがないかどうかを見つけ出していくべきです。そして、**ムリなことを改善していくことで、自分の仕事がやりやすくなったり、職場環境が改善するなど、結果として組織の利益につながっていきます。**

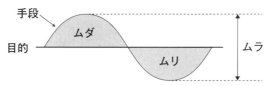

- 目的＝手段：能率が良い。
- 目的＜手段：ムダ ⎫
- 目的＞手段：ムリ ⎬ ムラ：能率が悪い。

注1）　ムリ：行いにくいこと。行うのが困難なこと。
注2）　ムダ：役に立たないこと。益のないこと。
注3）　ムラ：物事がそろわないこと。一様でないこと。

4.2 ムダとは何か？

> 要点：ムダを改善し、生産性を高めよう。

　ムダとは、「**目的に対して、手段が大きすぎる状態**」をいいます。例えば、2トンの荷物を10トン積みのトラックで運ぶ状況を想像してください。トラックの荷台はガラガラで、ガソリン代は多くかかるし、トラックのチャーター費用もバカになりません。このように目的を達成するのに、必要以上の手段を用いることをムダといいます。

　私たちがもつ、ヒト、モノ、金、時間、技術、情報などの経営資源は限られていますが、このなかで仕事をしなければなりません。

　こうした制約のなかでムダな仕事をしていると、ムダにした分、別のところでムリが発生するのです。例えば、軽トラックで間に合う仕事に大型トラックを使うと、その分の燃料代がムダになりますし、重量物の仕事の依頼が同時にきたとき、軽トラックを使わざるを得なくなって、大きなムリが発生します。私たちの身の周りにこういったムダがないかどうかを見つけ出し、改善していきましょう。

　ムダはいろいろな現場に転がっています。「設計のムダ」「管理のムダ」「仕事の進め方のムダ」など、ムダの対象範囲は、すべてにあるのです。こういったムダを自分の仕事の範囲内でも見つけ出していけば、仕事の効率は上がり、会社としての生産性向上に寄与します。

　ムダ探しとその対策を続けて行うあなたの行動が、組織のためになります。

4.3 ムラとは何か？

> 要点：ムラ（ムダとムリ）を改善し、仕事の能率を高めよう。

　ムラとは、「ムリとムダが混在している状態」をいいます。ムダなことをしていると、他方でムリが発生します。これは、時間、場所、金銭などの資源を使うすべての場面でいえることです。例えば、ダラダラとムダな仕事をしていると、締め切り間際になって徹夜というムリをしなければなりません。また、限られた工場の敷地がムダな在庫に占領されると、狭い所でもムリに窮屈な作業をしなければなりません。

　限られた予算でムダなモノを買ってしまうと本当に必要なモノに予算が回らず、それなしで我慢するムリが生じます。特定の工程にムリをかけると、やがて結果の不具合につながっていき、次の工程も作業ができないという大きなムダが発生します。

　皆様の仕事には、不規則だったり、ダラダラとした行動などのムラはありませんか。そこには、必ずムリとムダが潜んでいます。そうしたムリやムダ、ムラを発見していきましょう。問題を認識すれば改善するのみです。

　ここで「3ム、ダラリ」の言葉を紹介します。この言葉は、「ムダ、ムラ、ムリ」の3つ、3ムの下の字をつなぎ合せたものです。「3ム、ダラリ」がある限り、生産性の向上は困難なので、可能な限り3ムを排除する活動が必要となります。

仕事のゆとりのためにムダ退治をしよう

> 要点：ムダなことは「止める」「減らす」で、効率的に仕事を進めよう。

「ムダ退治ばかりしていると、仕事に余裕やゆとりがなくなる」という声をよく聞きます。しかし、これはまったくの誤解です。

ムダな仕事をしていると、そのシワ寄せでムリな仕事をせざるを得なくなります。その結果、余裕もゆとりもない仕事になってしまうのです。

一方、仕事のムダを省くと、その分だけ重要な仕事にじっくりと時間をかけることができるため、時間的にも精神的にも余裕が生まれてくるものです。

このようにムダ退治は仕事にゆとりや余裕をもたらすものです。また、ムダなことを、極力「止める」「減らす」ことで、ムリのない効率的な仕事の進め方が可能となっていきます。

4.5 7つのムダへの対策をしよう

要点：7つのムダを排除し、仕事の生産性を高め、利益を創出しよう。

7つのムダを排除すれば、仕事の生産性を高め、利益を出す企業体質をつくることができます。7つのムダとその対策は、次のとおりです。

7つのムダ	内　　容	対　　策
1. つくり過ぎのムダ	生産指示を無視し、過剰な数の製品を先づくりするムダ	日程計画管理板、生産管理板、1個流し、少人化、平準化生産、JIT
2. 手待ちのムダ	作業を停止し、次の指示があるまで待っているムダ	アンドン、工程の流れ化、1個流し、平準化生産、ポカよけ、JIT
3. 運搬のムダ	物の位置を移動するだけの、生産性のないムダ	レイアウトの変更、タクシー方式、部品のセット化
4. 加工自体のムダ	加工、組立をしても生産性がないムダ	技術開発、不要部分の加工・組立工程の削除、治具の改善や自働化
5. 在庫のムダ	工場内にあるすべてのムダを覆い隠す「罪固」であり、最も悪いムダ	在庫への意識革命、日程計画管理板、生産管理板、平準化生産、U字型設備配置、JIT
6. 動作のムダ	放置すると、品質不適合や膨大なムダを発生させるムダ	標準作業の見直し、レイアウトの変更、U字型設備配置
7. 不適合品のムダ	再検査や、つくり直すムダなど、ほかのムダを生むムダ	自働ストップ（FP、FS）の導入、工程能力の向上、自働化の導入

（出典）　市川享司：『儲かる5Sによる収益改善』、日本技能教育開発センター、2013年、p.16、p.17

7つのムダ以外のムダにも対策をしよう

要点：7つのムダ以外のムダを排除し、仕事の生産性を高めよう。

4.5節に挙げた「7つのムダ以外のムダ」もあります。それらのムダを排除して、仕事の生産性を高めることができます。7つのムダ以外のムダとその対策は、次のとおりです。

7つのムダ以外のムダ	内　容	対　策
1. 指示待ちのムダ	材料切れや機械の故障時に、作業者の指示待ちをするムダ	生産管理版、アンドン、QCサークル会合
2. モノや人を探すムダ	材料、部品、治工具などや人（担当者、管理者）を探すムダ	4定(定時、定位、定品、定量)の徹底、行き先の明確化
3. 作業中断のムダ	中断した時間に加え、次の作業にとりかかるまでのムダ	チョコ停、故障の原因究明、仕事の平準化
4. 取出し・戻しのムダ	物や工具の取出しや戻し時間のムダ	4定(定時、定位、定品、定量)の徹底、レイアウトの変更
5. レイアウトのムダ	レイアウトの悪さによる歩行時間や運搬時間のムダ	工程の流れ化、多工程持ち、1個流し
6. 検査のムダ	必要であるが、生産性がないため、多いほどムダ	自主保証、自動ストップ、工程能力の向上
7. 会議のムダ	会議の準備・開催が費やす時間のムダ、使用する資料や議事進行の段取りの悪さによるムダ	時間に対する認識(意識改革)、根回し、テレビ会議、パソコン会議

(出典) 市川享司：『儲かる5Sによる収益改善』、日本技能教育開発センター、2013年、p.18、p.19

4.7 数値化から原価意識を身につけよう

要点：仕事の曖昧語（あいまい）をなくし、数値（データ）で表現する習慣を身につけよう。

仕事のなかでは、「大体、まあまあ、多少、いろいろ、適当に」などというような「曖昧語」を用いて状況を説明したり報告がされることもあります。この「曖昧語」は、例えば、ものづくりの現場では、自己防衛的な単なる現状の説明だと受け取られます。

「不適合が多い」「原価が高い」「残業が多い」「部品在庫が多い」「作業にムダがある」というような「曖昧語」の表現では、実際の製品（商品）の品質や原価、生産性を身近に意識することはできません。特に、勤務先が工場だったりすると金銭の受渡しをすることが少なくなるため、原価意識が乏しくなりがちです。

原価意識を高めるには、物事を「曖昧語」ではなく、数値（データ）で表現する習慣を身につけることが大切です。例えば、「この加工部品の不適合損失金額は」「この完成部品の単価は」「この工場の１分間のレートは」「１日の作業歩数は」「伝票１枚を作成するコストは」「１カ月の残業時間は」「自分の１分間の賃金は」など、一人ひとりが自分の仕事を１つずつ数値化し、原価意識をもって、改善していくことが重要です。

在庫は罪固(罪の固まり)だと考えよう

> 要点:在庫削減で組織の経営を身軽にしよう。

　より多くの種類の商品を、より短期間で提供する仕組みは、インターネット販売における Amazon のように今や常識となりましたが、提供する側からすれば、在庫管理を充実しているつもりでも、材料や部品、仕掛品や完成品(製品)の在庫は、いつの間にか増えてしまうのが実情です。**在庫過多は、企業に資金効率のムダ(運転資金の増大)などを強いることになります。**

　在庫過多によるムダについて分類すると、次のようになります。

① **資金効率のムダ**
- 運転資金の余剰負担が増大する。
- 場所をとるので倉庫のスペースを圧迫する。
- 仕掛品が多くなる。
- 電気、エアー、油、水などのエネルギーを浪費する。

② **在庫管理費用のムダ**
- 余剰人員を抱える。
- 生産計画の精度が悪くなる。
- 生産進捗管理(計画と実績の差)の精度が悪くなる。
- ムダな運搬作業が増大する。
- 取置きのムダが増大する。
- 容器代、保険料、補修費など余計な管理費用が発生する。
- 材料や部品の先食いで、必要なモノが購入できず、欠品が発生する。

③ **不動在庫のムダ**
- 古い材料や部品は廃棄され、古い製品は処分品となる。

④ **職場の問題が隠れたり、せっかくの機会を失うムダ**
- 計画の変更が多い。
- 設備の能力がない。
- 設備が故障する。
- 調整・修正時間が多い。
- 段取り時間が長い。
- 不適合品が多い。

　余剰在庫をもつことで、職場にとって改善されるべき問題が隠れ、販売の機会損失を発生させる不動在庫となり、経営に大きな悪影響を与えます。つまり、在庫は罪固（罪の固まり）なのです。在庫削減に協力することで、組織の経営を身軽にすることが必要です。

4.9 動作を左右する作業方法・条件を考えよう

要点：生産性を高めるため、より良い作業方法や条件を見つけ、実践しよう。

現場の生産性を高めるため、作業者一人ひとりが効率の良い仕事をすべきです。そのため、全員が最も効率の良い作業方法・条件を実践する必要がありますが、同じ作業でも人によって違った動作をしていることがあります。動作には、以下の3種類あるといわれています。

① 直接的に役立つ動作（主作業：加工、組立など）。
② 間接的に役立つ動作（準作業：段取り、検査など）。
③ まったく役に立たないムダな作業（歩行、待ち時間など）。

これらは、いずれも時間を要します。**生産性を高めつつ、コストダウンを進めるためには、役に立たない動作を少なくしなくてはなりません**。そのために、作業方法や条件を改善し、誰もが能率よく作業ができる方法や条件を見つけていくことが必要です（作業標準の制定や改訂）。

限られた時間を有効に使い、生産性を高めていくには、より良い作業方法や条件を見つけ、実践していきます。

ここで注意すべきは、同じ作業をするのも、ベテランと新人では、手際の良さが違うことです。これは身体の使い方や段取りなどが「**動作経済の4原則**」に適っているためです。

① **動作の数を減らす**：「作業回数の減少」
② **動作を同時に行う**：「両手で同時に」
③ **距離を短縮する**：「作業範囲を小さく」
④ **動作を楽にする**：「動作の制限要因の削除」

第5章

安全・災害意識の実践

5.1 生産阻害と安全性の関係

> 要点：生産阻害の要因と災害の原因との関係を理解しておこう。

　生産阻害と安全性の関係は、車の両輪といわれています。ここで、生産性を向上させるためには、「**生産阻害の要因**」を取り除くことが必要です。この**生産阻害の要因**は、**生産活動の場**において「ムリ、ムダ、ムラ」と「**災害の原因**」につながっています。

　この関係を示すと、次のようになります。以下は **5.2 節**で詳細に説明しています。

① 正しい作業方法で仕事をしていない。
② 教育・訓練がなく未熟練者が多い。
③ 機械・設備が停止することが多く、故障しがちである。
④ 欠勤者が多く、人手が足りない。
⑤ 職場の整理、整頓、清掃、清潔が行き届いていない。
⑥ 人間関係やチームワークが良くない。
⑦ 監督者の指示の仕方が適正でない。
⑧ 作業にムリ・ムダ・ムラがある。
⑨ 間に合わせのモノ（材料、工具など）を使っている。
⑩ 作業者の配置が効率的でない。
⑪ 作業の流れ（レイアウト）が効率的でない。

5.2 生産阻害の要因を排除するために確認すべき11項目

要点：生産阻害の要因を排除するための確認事項をチェックしてみよう。

① **正しい作業方法で仕事をしているか。**
- 作業標準書どおりの作業方法で実施しているかを確認する。
- 作業標準書に定める時間内での出来高（数量）や品質を確認する。
- 作業標準書にもとづいた作業がなぜできないのか調査を行う。

② **教育・訓練がされているか（未熟練者が多くはないか）。**
- 教育・訓練のシステムを機能させる。
- 指導者の人員確保、養成を継続的に行う。
- 指導者の力量、指導方法に問題はないか確認する。
- 作業者が当該作業の技能（腕前）を確実に身につけさせる。

③ **機械・設備が停止することは多くないか。**
- 定期的なメンテナンスを実施する。
- 機械・設備の買換えの計画がある。
- 予算を計上する。

④ **欠勤者が多くないか（人手が足りていないか）。**
- 補充者がいて、本人に連絡がとれている。
- 補充者への応援部署の知識、技能の教育・訓練は修了している。
- 多能工計画がとられた場合、計画的に実施されている。

⑤ **職場の整理、整頓、清掃、清潔が行き届いているか。**
- 5S（7.3節）の目的、必要性の教育・訓練はしている。
- 5Sは仕事を行ううえでの基本であると理解・納得している。
- 5Sの改善活動で、品質、原価、量・納期などの効果は見られる。

⑥　人間関係やチームワークが良くないか。
- 心が通じ合うコミュニケーションが大切である。
- 全員の役割分担が不可欠である。
- 価値ある目標の設定が重要である。
- 相互啓発(教え合い、学び合い)の継続が必要である。
- 人間味豊かなリーダーが核となることが重要である。

⑦　監督者の指示の仕方が適切ではないか。
- 上司の話は疑問があっても最後まで聞く。
- 聞いているだけではなく、「ハイ」と相打ちで共感を示す。
- 複雑な用件の場合は、必ずメモ(要点)をとる。
- 上司が話を終えたら、疑問点や不明点を問いただす。

⑧　作業にムリ・ムダ・ムラがないか。

　　ムダ退治の改善を行い、ムリ・ムラの有無をチェックする。

⑨　間に合わせのモノ(材料、工具など)を使っていないか。

　　他部署から借用する場合、作業が中断するうえに、往復時間など生産性を阻害する。自部署で必要なものは、事前に準備しておく。

⑩　作業者の配置が効率的であるか。

　　作業者の動作には、4.9節に挙げたように3種類ある。作業者の配置の悪さを、分析し、改善につなげるとよい。

⑪　作業の流れ(レイアウト)が効率的であるか。

　　作業の流れを図表化(見える化)することで、機械・設備、材料・部品、作業配置など、問題点が総合的にわかり、作業の流れ(レイアウト)改善が実施できて、生産性の向上に寄与する。

災害防止のための基本的な心がまえ その1

要点：災害防止のためには基本的な心がまえがある。

　災害が発生すると、本人はもとより、家庭の不幸、会社の損失になります。適切な対応が行われないと、製品(商品)の原価・品質・生産性や、社員のモラールにも大きく悪影響を与えます。

　次の基本的な心がまえを、社員一人ひとりが守っていくことで、災害を起こさないようにしていきましょう。

① 安全教育は進んで受講し、それを実践して習慣化する。
② チームワークを通じて安全に対する意識を高める。例えば、危険な行動はお互いに注意し合うようにする。
③ 機械・設備のトラブルを見える化し、トラブルを解消する。
④ 機械・設備、金型、治工具、材料・部品、整理・整頓、作業環境、安全装置、保護具などについて、事前に不安全な状態を見出し、対策を施しておく。
⑤ 不安全(危険)な行動をしない。災害の大部分は、不安全な行動に不安全な状態が重なったときに起きる。
⑥ 安全装置が確実に機能するよう、定期的に点検・整備し、機能が低下しないようにしておく。
⑦ 保護具(保護メガネ、安全帽、命綱、特殊手袋、安全靴など)は、安全が確認されたものを正しい方法で確実に使用する。
⑧ 災害防止の基本である5S(整理・整頓・清掃・清潔・躾)を通じて、安全の確保を図る。
⑨ 通路の横断時や作業ステップの要所通過時などで、指差呼称を行うことを習慣化させる。

5.4 災害防止のための基本的な心がまえ その2

要点：思い込み防止策は「しやすく、見やすく、わかりやすく」。

 ある電機会社のヒューマンエラー防止策講座で報告されたミスの内容には、「思い込みによる作業（単純、確認、条件）ミスが継続的に発生している」というのが38件中13件（34％）ありました。

 このような「思い込み」が原因とされるトラブルは、一歩間違えば、大事故・大惨事にもなりかねません。以下に示す事例のように、安全の必要性を痛感させられるトラブルもあります。

① 輸血に関して、検体を取り間違えたり、血液製剤バックを取り間違えるなど、重大な医療ミスがしばしば報道されています。

② 東京株式市場で、みずほ証券が、1株61万円で売るところ、1円61万株と誤って売り注文を出し、400億円の損失を出した。これが原因で株式市場は混乱した。

③ ジャンボジェット機が、海外での委託整備の際に左右のエンジンを取り違えて設置され、このミスを7カ月間、誰も気づかないまま、約2,700時間飛行し、440回の離着陸を繰り返していた。

 このような「思い込み」を生じないために、作業環境、作業方法、作業工程、機械・設備、金型、治工具、標準書、手順書、帳票類などを「しやすく、見やすく、わかりやすく」できるように改善することが重要です。

第6章

自分を伸ばす仕事の実践

他部署の仕事に興味や関心をもとう

> 要点：会社全体の仕事の流れをつかもうとする姿勢をもとう。

　会社は多くの人たちの集まりであり、組織で仕事をしています。

　各部署では、日常業務とその改善活動を分担し合い、互いに協力し合うことで会社全体の仕事が円滑に行われます。どんな仕事であろうとも、いくつかの部署が密接に関連し合って成し遂げられています。

　新入社員にとっては、配属された職場内で行われている仕事の内容を覚えるだけでも大変なことかも知れません。自分の仕事をこなすのに精一杯で、ほかの部署の仕事に目を向ける余裕などないのが普通ですが、ほかの部署の仕事に興味や関心をもつという姿勢が大切です。その姿勢さえあれば、自ずと会社全体の仕事の流れが見えてきます。

　「自分の職場以外で行われる仕事は、自分に関係ない」などと思い込んでいては、決まりきった知識や情報しか得られなくなり、発想も硬直化してしまいます。他部署の仕事を理解しておかないと、仕事が円滑に進まないこともあります。

　日頃から、アンテナを高く、広く張り、「井の中の蛙」にならないように心がけましょう。

　会社全体の仕事の流れをつかもうという姿勢を今のうちからもてば、あなたの仕事の幅は広がり、将来役に立ちます。

目標を立て、宣言し、実行しよう

> 要点：目標を達成するために、他人に宣言（公表）しよう。

　私たちは、ある目標を立て、「いつか実施しよう」と考えることはできますが、なかなか実行できず、結局何もしなかったというようなことになりがちです。

　「そのうちにやる」とか「いずれやる」「暇ができたらやる」という台詞は、結局は逃げ口上で、このようなことを言ううちは目標を達成することができません。

　「目標は宣言なり、宣言は責任なり」とか「有言実行」という言葉があります。古今東西、宣言することは簡単ですが、実行することは容易ではないのです。例えば「タバコを止める」「酒を飲み過ぎない」「ダイエット（運動）をする」「××の資格（免許）をとる」などです。

　とはいえ、まずは目標を他人に宣言（公表）することが大切です。宣言することで責任感が生じ、目標達成への力となるからです。

　仕事では、「今日の仕事は、明日に延ばさない」ということを考えましょう。会社にとって、社員の勤務時間は費用となるため、1日を有効に活用することが重要です。

6.3 目標設定の4つのポイントを考えよう

要点：目標を達成するための具体的な対策を考えよう。

企業の経営方針や経営目標と連動して、部門長は、自部門の目標を設定します。その目標を達成するために、自部門の一人ひとりが活動していくわけですから、**社員としての個人の目標は、部門目標に沿ったもの**になります。

一般的に個人の目標設定は、半期ごと、または年度ごとに、所属する部門の管理職と相談して決めることになります。

目標設定の4つのポイントは、次のとおりです。

① **具体的な数値目標を設定する**
  - 達成度合を数値で確認できるように、数値目標を設定する。
② **目標達成の期限を決める**
  - 目標達成の期限を明確にして、活動を進める。
③ **目標達成に向けたスケジュールを立てる**
  - 活動の進捗状況がわかるように、目標達成に向けたスケジュールを明確にする。
④ **目標達成をするための具体的な対策を考える**
  - 具体的な対策項目を検討し、それを効果や実現性などで評価して採否を決めて、採用項目については実施し、目標の達成度合を確認する。

6.4 小さな目標から始めて、少しずつ達成していこう

> 要点：目標とは、自分の人生の目的を果たすための指標である。

一度しかない大切な人生を有意義に過ごすためには、目標をもつことが重要です。目標とは、自分の人生の目的を果たすための具体的な指標です。「プロになりたい」「英語検定1級をとりたい」「QC検定1級をとりたい」「マイホームをもちたい」「お金持ちになりたい」「幸せになりたい」というのは目的で、まだ漠然としています。そこで、これをより具体化していきます。

例えば、「旋盤加工や板金加工でプロになりたい」という目的に対して「技能オリンピックで金メダルをとりたい」といった最終目標を決めます。すると、中目標として国内予選で勝ち抜き、日本代表になることなどが考えられます。すると、まずは「社内においてナンバーワンと評価されること」といった小目標が定まり、具体的な手段として「当面は2級技能士にチャレンジすること」が考えられます。資格がとれたら、「次は1級技能士になること」とします。こうしてコツコツと目標達成に向けて一歩ずつ高めていけば、どんな高い目標でも達成することができます。

世界最高峰のエベレストを征服した人も、初めは小さな低い山から、次第に高い山へと目標を高くしていったのです。

プロになる秘訣は、効果的な目標を1つずつ達成していくことです。

多能化で自分を成長させよう

要点：市場に通用する仕事ができるよう実力を身につけていこう。

　企業のなかには、いろいろな役割と責任をもって仕事をしている人がいますが、ある仕事について、ベテランといわれる人が多くいる場合があります。しかし、ベテランといわれてもその仕事だけしかできない、あるいは周りの仕事には関心がないというのでは、自分を成長させることはできません。

　企業は幅広く複雑な仕事もできる人を望んでいます。 例えば、溶接作業はできるが、旋盤加工とか研削加工はできないという場合があります。事務部門でいえば、庶務はできるが経理や購買の仕事はできないということもあるでしょう。

　各自が与えられた自分の仕事について責任をもって行っていれば、組織は一応それなりに機能しますが、**他人の仕事のやり方の良い点を取り入れれば、自分の仕事もこれまで以上に効率的にできます。** また、自分たちで工夫した優れた仕事のやり方を、ほかの職場の人たちに伝えることによって、職場全体の仕事に対するレベルアップも期待できます。

　これからの時代、社員一人ひとりの「多能化」が要求されます。自分の力を向上させるためには、「自分は会社で給料をもらいながら勉強させてもらっている」という意識をもち、「どんな仕事でもできるようになりたい」という気持ちで、自分の目標達成に向けて計画的にチャレンジしていくことが必要です。

　自分の雇用（仕事）は自分で守る時代です。市場に通用する仕事ができるように固有技術や、スキルといった実力を身につけておくことが大切です。

6.6 目的・目標、夢をもち、一生懸命に行動して成長しよう

> 要点：あきらめないことで夢がかなえられる。

　一人ひとりの潜在能力や将来可能性は、その人が何に打ち込んだか、一生懸命、命をかけるほど、物事に集中したかによって差がついてきます。天才と凡人の差は、この点からも生じてきています。つまり、自分の能力やエネルギーを集中できる目的や目標、夢をもっているかどうかで決まるのです。

　何か1つの技術を身につけようと決心し、そのことに一生懸命打ち込めば成果も出て、成功へとつながるものです。どんなことでも毎日30分の勉強を、365日、1日も休まず続けたら、10年経たないうちに必ずその道のプロになって成功します。

　ですから、何か1つでも打ち込めるものを見つけて、一生懸命取り組んでいきましょう。

　仕事をより正しく、より速く、効率的に進めるには原則があります。その原則とは「管理(PDCA)のサイクル」です。このサイクルを目的・目標の達成まで、繰り返して確実に回していくことが重要です(1.20節)。

6.7 自己成長のための目標を立てよう

> 要点：努力の結果は後からついてくる。努力は人を裏切らない。

　仕事を通じて自分を成長させるためには、明確な目標をもつことが重要です（6.2節）。人は自分のなかで、いろいろな目標を設定し、それを達成するために自己研鑽（自分磨き）し、成長していきます。

　仕事を進めるうえでは、次のような目標が必要です。

① **日常業務を遂行するための目標**

　　各部門に所属する社員が、部門目標にもとづいて、個人目標を設定します。

② **業務改善のための目標**

　　担当する日常業務の問題解決はもちろん、ほかの部門が抱えている問題にも積極的に取り組む姿勢が大切です。問題の解決に向けた目標を設定し、具体的な行動（方策の実施）に移します。

③ **自己啓発のための目標**

　　今の仕事に必要な能力や知識のレベルアップを図るだけでなく、将来に向けたキャリアプランを実現するために目標を設定します。

　　どのような能力や知識を、何のために身につけるかを明確にして、目標達成の期限を決め、計画的に取り組んでいきます。

交渉を上手にこなして一人前になろう

> 要点：仕事の結果を左右するのは、仕事の取組み方・考え方である。

　ビジネスの場では、いたるところで交渉が発生します。交渉を上手にこなせるかどうかが、仕事の結果を大きく左右します。
　交渉上手になるためには、次のような条件が必要です。
① **相手の話をよく聞く**：まず始めに、相手の話の内容を正確に理解することが必要です。何を言っているのか理解できなければ、正確に応えることなどできません。
② **我慢強さをもつ**：長時間にわたって相手と交渉しなければならないことがあります。形勢が不利な場合だってあるでしょう。そのようなときでも、粘り強く交渉する我慢強さが必要です。
③ **柔軟性をもつ**：1つのやり方だけにこだわって、別のやり方ができない人は、自滅することが多いです。状況の変化に対応できる柔軟なものの考え方と判断力、行動力が必要です。
④ **楽観主義に徹する**：楽観的な人は、物事を明るく前向きに捉えることができます。物事を暗く悲観的に考え始めると、袋小路に入って出口を見失ってしまいます。前向きな姿勢が大切です。

　以上のことを常に念頭において、交渉にあたることが大切です。交渉上手というと、「冷静沈着でクールな人」や、逆に「押しの強い人」といったイメージも浮かんできます。しかし、このような個性や性格は、交渉においては長所にもなれば短所にもなります。
　「自分は性格的に交渉には向いていないのではないか」などと悩む必要はまったくありません。人それぞれがもっている個性や性格と、交渉の上手・下手とは関係がないからです。

6.9 身近な人に信頼されて、人脈づくりの出発点としよう

要点：人脈を築くため、小さな約束でも必ず守り、自他に誠実でいよう。

　どんなに能力のある人でも、1人でできることなど限られています。有能な上司や同僚、社内外の人たちの協力があってこそ、大きな仕事ができるのです。このように、あなたに協力してくれる人たちの関係性は「人脈」そのものといえます。

　このような「人脈」を広げ、より強固にすることで、あなたの仕事の幅も広がり、深まってきます。しかし、人脈というものは、一朝一夕に築けるものではありません。名刺交換で交わした人、紹介されて顔見知りになった人の数がいくら増えても、人脈ができたとはいえません。

　新入社員にすぐに人脈ができるわけもありません。もしあなたが人脈づくりを心がけるのなら、先を見据えた長期計画で考えることが重要です。人脈を築くためには遠くの他者に信頼される人になるべきですが、**その前に、まずは身近な人たちから信頼される人になりましょう。小さな約束でも必ず守り、他者にも誠実でいましょう。**これらは、基本的なことですが、続けるには強い意志がいります。こうしたことの積み重ねが重要です。

　年齢も、仕事も、キャリアも異なる人と付き合うことが重要です。厳しい指摘をしてくれる年長の人、自分の仕事と別の世界にいる人の意見は、善し悪しがあるでしょうが、どちらにしても自分の知識・知恵となります。こういったことが、5年、10年単位先の未来を考えたときに、大いに役立ちます。

6.10 規律をしっかり守ろう

要点：企業の規律を守り、他人に迷惑をかけないようにしよう。

　企業はそれなりの規模のある組織で仕事をします。企業の目的は個人の目的とは違い、品質向上、コスト低減、納期の厳守、安全維持、モラール(やる気)向上などを行いながら、達成していきます。こういった**企業活動を維持するためには、一人ひとりが、明るくさわやかな印象を他人に与えながら、文書化されない暗黙の事項も含む「規律」を守って**いくことが重要です。ここで他人に迷惑をかけないことを意識しましょう。身近にありそうな規律をあげると、次のようになると思います。

① **正しい服装**：制服・制帽を正しく着用します。作業現場なら、安全帽、帽子、安全靴、メガネ、手袋といったものを、決められたやり方を守って着用します。

② **時間の順守**：始業から就業まできちんと仕事をします。怠慢による遅刻やサボりなど論外です。就業時間中は許可なく職場を離れないようにします。会議や打合せなどの時間を守れなければその程度の人と思われます。

③ **良い言葉づかい**：言葉は、大きな声で、はっきり、丁寧に、相手に応じた使い方を心がけましょう。特に社外の人に対するときには、自社の善し悪しが評価されます。自分のことだけを考えていれば良かった時代とは異なることを自覚しましょう。

④ **美しい心がけ**：守れる人には当たり前でも、守れない人は何歳でも守れないことがあります。例えば、「ポケットに手を入れたまま歩くな」「勤務中の私語は慎しめ」「落ちているゴミを拾え」「ゴミは分別に協力しろ」「喫煙の作法を守れ」といったことです。

上司には好かれるようにしよう

要点：自分から上司に好かれるよう時間をかけて努力しよう。

　当たり前ですが、上司も人間なので、いろいろなタイプの人がいます。部下にとって好きな上司や嫌いな上司がいるように、上司にも話しやすい部下や話しにくい部下も存在します。そのように分かれる理由もさまざまです。

　上司にとって話しやすい部下は、上司から見れば、上司自身の立場を考えたうえで期待に沿った仕事を行い、礼儀もしっかりしているようです。逆に、上司が話しにくい部下は、仕事の遅れに対する言い訳や他人のせいにするような話が多かったり、礼儀も不十分だったりします。しかし、なんとなく生理的に合わないという理由もあったりします。

　人間関係や仕事の善し悪しは、一朝一夕で決まるものではありません。時間をかけて努力し、つくり上げていくものです。そのため、上司が自分に何を期待しているかを知り、それに応えられる努力をすることはとても重要です。もし良好な関係が築けなくとも、あきらめず、努力し続ける姿勢が大切です。

　部下は上司を変えることはできません。あなたのほうから上司に対して心を開くようにしましょう。自分から上司に好かれるための努力をすることが先決です。

6.12 他人の助言に耳を傾けよう

> 要点：素直に聞ける人は、応答能力、実行能力の高い人である。

　自分の考えを他人に伝える「自己主張」も大切ですが、他人の考えに耳を傾ける「他者傾聴」も重要な姿勢です。自分の考えが正しいと思い込んでしまうと、問題の存在にも気づかず、新しい考え方が出せなくなるからです。

　社会に出ると、会社などの組織で、自分より高い技術や段取りなどの知恵をもつ経験豊富な人たちに多く出会います。他人の助言に素直な心で耳を傾けると、客観的に自分を反省し見直すことができ、改善の第一歩を踏み出すきっかけにもなります。

　すべての助言を鵜呑みにする必要はありませんが、助言をいったん自分の頭で考え、整理する姿勢は重要です。自分で納得したものだけ、具体的な行動に移せばよいのです。

　本当の助言は、理論や理屈といった知識だけではなく、それらを自分自身が実践（行動）して初めて実るものです。

第7章

職場環境、5S、挨拶などの実践

机の整理・整頓の有無を見て、仕事の管理能力を知ろう

> 要点：机の整理・整頓を行い、気持ちよく仕事をしよう。

　会社があなたに与える机は、あなたの個人の所有物ではありませんので、自分の机だという感覚で使ってはいけません。できるだけ緊張感をもって使うようにしましょう。

　そのためには、机の整理・整頓を心がけるべきです。机には書類や筆記用具など必要最低限のものだけを置き、仕事と関係ないものは、置かないようにしましょう。書類や資料も乱雑に置かずに、すぐに取り出せるような状態で整理・整頓しておくことが重要です。

　机の上には人柄や品格が表れるといいます。公私の区別がつけられない人は、週刊誌、新聞、菓子類といった私物と仕事で使うものが区別されず混在しているものです。

　理路整然としたものの考え方ができない人は、机もグチャグチャなのです。これでは、「頭のなかもグチャグチャで、仕事を管理する能力が著しく欠けている」と周りから評価されてしまいます。

　仕事のできる人は、机の整理・整頓もしっかりできているものです。

　新入社員のうちに、整理・整頓を行う癖をつけましょう。何事も最初が肝心です。

7.2 業界一の職場をつくろう

要点:大きな目標をもってチャレンジし、生産性を高めよう。

ある自動車部品の製造工場を見学に行ったときのことです。そこには**「業界一の職場をつくろう」**というスローガンが掲示してありました。そこで、「業界一の職場とはどんな職場だろうか」ということを現場の担当者に聞いてみると、「ゼロ災害が業界一続く職場」「業界一機械がきれいな職場」「業界一整理・整頓されている職場」「業界一不適合品の少ない職場」などをあげてくれました。

目標はできるだけ大きなものにしましょう。この職場の担当者のように、「業界一とか何か」を具体的に考え、目標を立てて行動していけば、最初は困難だとしても、実際に手の届くものになります。

もし、目標が途中で達成できないとわかっても、決して諦めないでください。仮に「業界一」まで手が届かなかったとしても、それを目標にすることで、確実に職場は改善されていきます。

何事にも大きな目標をもって、自分の職場環境や作業方法を改善し、生産性の高い仕事をしていきましょう。

5S が必要な理由を知ろう

> 要点：5S 活動を行い、気持ちよく、安全に、効率的な仕事をしよう。

　5S は、毎日の仕事を気持ちよく、安全に、効率的に進めるための職場づくりに必要となるルールのことです。5S は、「整理(Seiri)」「整頓(Seiton)」「清掃(Seisou)」「清潔(Seiketsu)」「躾(Shitsuke)」から構成され、それぞれローマ字にしたときの頭文字 S をとっています。

　5S のなかでも一番重要とされているのが「躾」です。なぜなら、「約束事を自分が守り、他人に守らせる」という習慣を職場に徹底させることが、すべての仕事の基本となるからです。

　当たり前のことですが、国や会社といった集団の「決まり事」を確実に守って初めて、まともな社会人といえます。残念ながら、社会人と名乗ってはいても、「決まり事」を自分の都合の良いように解釈したり、行動するような困った人も見かけます。

　「躾」は、職場の「仕事づくり」に欠かせません。今日は、昔のように仕事ばかりでない人も増えているといえますが、よほど恵まれている人でない限り、仕事をしなくては幸せに生活をしてはいけません。**職場での「躾」は、働く人が幸せになるために欠かせない考え方なのです。**

　さて、5S を職場の全員が実行すれば、以下のような効果があります。

① 仕事で、生産性の向上、品質の向上、原価の低減、量・納期の確保、安全維持、サービスの向上、職場の活性化が実現できます。

② 一人ひとりにしっかりとした責任感が根づきます。

7.4 15の教えで躾を身につけよう

> 要点:躾をつくる15の教えを身につけ、信頼される人になろう。

「躾」は、礼儀作法、行動様式、生活様式、立ち居振り舞いなどを総合的に表した言葉です。次に示す「躾をつくる15の教え」を参考に、しっかりと身につけていきましょう(『躾をつくる15の教え』(JIT経営研究所 編、日刊工業新聞社、2005年)参照)。

① **教え1 挨拶**:「おはよう」はすべての始まりなので、大きな声でしっかりと心を込めて行う(**7.7節**)。

② **教え2 身だしなみ**:決められた身だしなみを整える(特に服装や頭髪)。

③ **教え3 安全**:安全はすべてのことに優先する(安全装置の整備、保護具の整備、指差呼称の推進、通路の確保など)。

④ **教え4 保全**:作業の前にまず、チェックリストなどによる点検を行う。

⑤ **教え5 品質**:品質第一主義をとる。そのため、信頼や信用を第一とする。

⑥ **教え6 作業方法**:基本作業の奨励、作業標準書の遵守、教育・訓練の充実。

⑦ **教え7 5S**:すっきりした白線、ピカピカの職場、清潔な状態に維持に加えて、儲かる5Sを行う(ムダを排除し、仕事の付加価値・生産性を高める)。

⑧ **教え8 衛生**:食事の前の手洗いや、外出後のうがいなどを行う。

⑨　**教え9　会議**：会議資料は事前に配布したり、出席メンバーを見直したりする。
⑩　**教え10　休憩**：作業は厳しく、休みは楽しくとる。
⑪　**教え11　防災**：緊急時の連絡徹底を行う。防災訓練を実施する。
⑫　**教え12　出退勤**：交通ルールを守り、余裕をもって出勤する。
⑬　**教え13　健康**：睡眠・栄養を十分にとり、運動を心がけ、定期健診を受診する。
⑭　**教え14　管理者**：率先垂範し、「褒める」と「叱る」を両立させる。3意(熱意、誠意、創意)をもたせる。
⑮　**教え15　行動**：3現3即3徹の考え方を実行する(3現とは「現場・現物・現実」であり、3即とは「即時・即座・即応」であり、3徹とは「徹頭・徹尾・徹底」である)。

ムダな動きは働きとはいえない

> 要点：価値を生まないムダな動きは、排除しよう。

　整頓というのは、「必要なモノを、いつでも、誰でも、すぐに取り出し活用できるよう、置き場や置き方に工夫して決めておくこと」を意味します。例えば、組立作業において、「部品を取りに行く、探す、運ぶ、元に戻す」といった準備作業の動作にムダが多ければ、どんなに苦労して頑張ったところで組立作業の生産性は向上しません。組立作業で汗をかくべき主な作業は、「部品を取り付ける」「ねじを締める」「切断する」「溶接する」「配線する」といった一連の作業です。

　事務作業でも、書類を見つけるのに意外に時間がかかり手間取ることがあります。この「探す」「運ぶ」などの動作は、一見仕事をしているように見えても、ムダな動作であり、仕事に役立つものではありません。

　ここで、必要な書類を、いつでも、誰でも、すぐに取り出して活用できるように、整理し、保管する整頓の考え方が重要となります。

　製造部門でも事務部門でも、備品などを使った後は、誰でも簡単に元の置き場に戻せるように工夫して置き場を決め、表示に従って、識別しておきましょう。

　難しく考えずに整理・整頓をして、「探す、運ぶ」というムダを少なくすれば、必然的に生産性は向上していきます。**必要なモノを、いつでも、誰でも、すぐに取り出せて活用できるように、整理・整頓のやり方を改善させていきましょう。**

7.6 日常の5心で、さわやかな一日を送ろう

要点：日常の5心を身につけ、さわやかな日々を送ろう。

　職場で働く皆様は、人間関係を良くして、明るく楽しく元気よく過ごしたいと思うことでしょう。それが効率の良い仕事のもととなります。
　そのために必要となる考え方が、以下の「日常の5心」です。
　① 「ハイ」と答える「素直な心」。
　② 「すみません」と答える「反省の心」。
　③ 「私がします」と答える「奉仕の心」。
　④ 「おかげさま」と答える「謙虚な心」。
　⑤ 「ありがとう」と答える「感謝の心」。
　特に、今まで育ててくれた両親や、今の自分が存在していること、自分を育ててくれた学校や社会に対して感謝の心をもつことは、将来的に成果を上げるために重要となります。

3つの躾をしっかり守ろう

要点：挨拶、言葉遣い、動作(態度)の3つの躾を守り、幸せづくりをしよう。

「躾」は、良好な人間関係づくりや組織・集団で物事に取り組むときの基本となります。たとえ、職場でどんなに大事な約束事を決めても、またどんなに良いことを申し合わせたとしても、一人ひとりの躾、つまり「ルールを守る」という習慣が身についていなければ、いくら立派なルールをつくっても何の役にも立ちません。

職場で「躾」を実行する第一歩は、より良好な人間関係をつくりあげていくために、「挨拶」の考え方を身につけることです。

「挨拶」には、「挨：心を押し開く」「拶：その心に迫る」という意味があります。人と出会うときの「挨拶」は、相手に敬意や親愛の意を示す行為であり、対人関係を円満にし、社会生活を円滑にする行動です。

また、「あいさつ」は、「あかるく」「いつも」「さきに」「つづけて行う」それぞれの頭文字となります。ちょっと強引かもしれませんが、これは日々の行動の心がけになるとは思いませんか。こうした積極性に加えて重要なのが、相手の立場を尊重する「**言葉遣い**」および「**動作(態度)**」です。

この3つの「躾(挨拶、言葉遣い、動作(態度))」をしっかり守ることができれば、多く人とうまく付き合えるようになります。その結果、プライベートでも仕事でも、精神的に充実していきます。「躾」は、日々付き合う人間同士の「幸せづくり」に結びついていきます。

「挨拶」は大きな声ではっきりと言おう

> 要点：挨拶は、相手の顔を見て大きな声で元気よく。

「挨拶」は、職場の人間関係を良くし、職場を明るく楽しく元気よく過ごすための基本です。さわやかな一日を過ごすためにも、相手の人に聞こえるように「**大きな声ではっきり**」と言いましょう。それができない場合、対人関係や仕事の成果にも影響が出てきます。

① 「あいさつ」は、「あかるく」「いつも」「さきに」「つづけて」行うことをモットーにしましょう。
② 朝には、「おはようございます」「おはよう」と言いましょう。
③ 職場の内外では、互いの目が合ったときには、軽く会釈します。作業中の挨拶は、不要です。
④ 帰りには、「さようなら」「お先に失礼します」「お疲れさま」と言いましょう。
⑤ 外来者には、作業中でもはっきりとていねいに言いましょう。
⑥ 答礼(返礼)は、相手に聞こえる大きさで、はっきりと気持ちよく言いましょう。

 社内の挨拶について考えてみよう その1

> 要点：挨拶一つでも、相手に好印象・悪印象を与える。

　会社は、年齢や生まれ育った環境・思想・信条や趣味、そして性格も異なる人々から構成される組織です。この組織には自らの利益を得ることと構成員それぞれの生活を安定させるという共通目標がありますが、日々の仕事を円滑に遂行していくためには、ある種の潤滑油が必要です。その1つが社内における挨拶です。

　挨拶は毎日行うことなので、慣れから、つい、いい加減になったり、思わず学生気分でしてしまうかもしれません。しかし、**挨拶一つでも誰にも負けないくらい元気でさわやかにできれば、相手に好印象を与える**ことができます。

① 異なった世代や異なった文化をもつ人々を考慮した言葉遣いをしよう

　例えば、「マジっすか」「やばい」といった言葉など、近い世代同士で通じる言葉や、ある種の文化や趣味で特有の言葉があります。これは近い世代や共通の趣味をもった人々のコミュニケーションを円滑にする効果はありますが、離れた世代や異なった文化をもつ人々がいるビジネスの場にはふさわしくありません。相手

のことを考えていないと思われます。また、「**やっぱ**」「**どっち**」「**あっち**」のような破裂音の入った言葉も、聞く人に幼稚な印象を与えるので、「やはり」「どちら」「あちら」などと言いましょう。

　また、「お疲れさま(でした)」と「ご苦労さま(でした)」などの使い分けも理解しましょう。知らないと間違えるものです(前者は誰に使ってもかまわないが、後者は上司が部下に対してのみ使える用語)。

② 挨拶用語の省略は避けよう

　「まいど」「どうも」「お先に」「ちわー」「すいましぇ～ん」という中途半端な言い方は避けましょう。これでも通用するでしょうが、最後まできちんと言う方がていねいで、気持ちが伝わります。

社内の挨拶について考えてみよう その2

要点：あなたの日頃の挨拶について考え、反省してみよう。

③ 忙しい人に話しかけるときの一工夫

忙しそうな上司や先輩にタイミングを見計らって声をかけるのは、最初のうちはとても難しいことだと思います。

そんなときは、「**少々お時間をよろしいでしょうか**」という言葉とともに、「**○○の件でご相談（ご報告）があります。お時間は○○分位いただきたいのですが、よろしいでしょうか**」という具合に、具体的な用件をつけ加えましょう。こうするだけで受け手も話を聞きやすくなります。

ほんの少し相手方の立場を考えた声かけをするだけで、話がスムーズに進みます。

④ 日頃の挨拶を振り返って考えてみよう

次のような状況で、あなたはどんな挨拶するでしょうか。日頃あまり考えないことかもしれませんが、この機会によく考えてみてください（7.11節に標準回答を記します）。

〔場　面〕	〔標準回答〕
①　出社したとき	①
②　外出するとき	②
③　外出から帰ってきたとき	③
④　外出から帰ってきた人に向けて	④
⑤　会議中の部屋などに入るとき	⑤
⑥　退社するとき	⑥
⑦　退社する人に向けて	⑦
⑧　お礼を言うとき	⑧　**7.11 節参照**
⑨　人にものを頼むとき	⑨
⑩　用事を引き受けるとき	⑩
⑪　会社に迷惑をかけ注意を受けたとき	⑪
⑫　仕事中の人に何か尋ねるとき	⑫
⑬　先輩や上司に面倒をみてもらったとき	⑬
⑭　久し振りにお目にかかるとき	⑭
⑮　エレベータに乗ったとき（○階に行く場合）	⑮

社内の挨拶について考えてみよう その3

> 要点：挨拶一つで、相手の気持ちが変わる。

前節で問いかけた標準回答を以下に記します。
① 出社したとき：「おはようございます」。
② 外出するとき：「行ってまいります」。
③ 外出から帰ってきたとき：「ただ今戻りました」。
④ 外出から帰ってきた人に向けて：「お帰りなさい」。
⑤ 会議中の部屋などに入るとき：「失礼いたします」。
⑥ 退社するとき：「お先に失礼いたします」。
⑦ 退社する人に向けて：「お疲れ様(でした)」「ご苦労様(でした)」(部下または目下の人に)。
⑧ お礼を言うとき：「どうもありがとうございました」。
⑨ 人にものを頼むとき：「お手数ですが、○○をお願いできますか」。
⑩ 用事を引き受けるとき：「かしこまりました」「承知いたしました」。
⑪ 会社に迷惑をかけ注意を受けたとき：「申し訳ありません。以後、十分気をつけます」。
⑫ 仕事中の人に何か尋ねるとき：「ちょっと(少々)よろしいでしょうか」。
⑬ 先輩や上司に面倒をみてもらったとき：「先日は大変お世話になりました」。
⑭ 久し振りにお目にかかるとき：「ご無沙汰しております」。
⑮ エレベータに乗ったとき：「○階を押していただけますか」。

休暇のとり方に気を使おう

> 要点：休暇は他人のことを考えたうえで、有意義に活用しよう。

　会社によって「有給休暇の制度」はさまざまですが、基本的には、「自分の好きな日に休みをとってもよい」というのが建前のようです。有給休暇は、自分が休みたいときにとるのが理想ですが、会社は自分以外の人も働いています。事前の調整もなしに休んでしまうと、思わぬことで他人に迷惑をかけてしまうかもしれません。人への迷惑を最小限とするには、事前の調整はもちろん、日を選ぶことも重要です。

　例えば、土曜日や日曜日と連休にしたいため、金曜日や月曜日に休みをとりたい人も多いでしょう。しかし、週末や週初めは、仕事が忙しくなるものですから、社内でうまく調整できるとか、急な用事があるとかの事情がない限り、そのような休みのとり方は避けたほうが無難です。

　特に月曜日は、1週間のスタートを切る大事な日です。いろいろな打合せや仕事の割り振りなどもあります。有給休暇をとるとき、理由を告げる義務はありませんが、そのような日に休むなら、結婚や葬式などといった明確な理由が必要でしょう。そういった仕方がない理由がない限り休んでしまうことは、できる限り避けましょう。

　病気で休むのは仕方がない側面がありますが、休み明けの月曜日に風邪を引いて休むのは考えものです。

　本来、休日は休養のためにあり、休み明けには元気一杯で仕事に臨むのが本来の姿です。体調管理はプロとして当たり前の姿勢なので、不摂生で病気になってしまうと、自己管理能力のなさが問われてしまうかもしれません。健康管理については、くれぐれも注意し、他人のことも考えたうえで、有意義な休暇がとれるようにしましょう。

社内の不文律のルールに注意しよう

> 要点：場の空気を読みとれる人になろう。

　社員の勤務時間や昼食時の休憩時間などは労働基準法にもとづいた**「就業規則」**で定まっていて、規則どおりに行動をしていれば、誰からも文句をいわれるものではありません。

　学生アルバイトなどは、主に時間給で働くので、時間どおりに働くのが当たり前になっていると思います。しかし、会社に所属すれば、アルバイトのとき以上に杓子定規に行動するのが許されなくなります。

　どの組織でもそうですが、見習い中の新人は、組織にある「空気」を読む必要があります。会社でいえば、時間どおりに休憩をギリギリまでとったり、自由時間だからくつろいだり、居眠りしたりするのが許されるところもあれば、**許されないところもあります。**

　法律によれば本来は自由な行動のはずなのに、日本の会社のなかにはそれが許されない**「空気」**をもつ会社もあります。コンプライアンス(法令遵守)が重要視される昨今、よくないことですが、法律や規則も実際の運用場面では、組織の「空気」に左右されることも多いのです。

　規則違反をしていないのに、はみ出すと白い眼で見られる「不文律のルール」に注意しましょう。この場合、文書化された規則違反をしているわけではないので、誰も取り立てて注意をしませんが、できの悪い新人だと受け取られ、上司によっては不遜な態度と映る場合もあります。

　新入社員のうちは、こういうことが理不尽に映るかもしれませんが「郷に入れば郷に従え」といいます。どのような組織にもこういう「空気」はあります。とはいえ、**本当に理不尽なことなら自分が行動して改めるくらいの気概は必要になるでしょう。**

第8章

演　習

8.1 自分の周囲について改めて考えてみよう 演習：その1

以下、社会人としてのあなたに関わるテーマを挙げてみましたので、実際に手を動かしながら考えてみましょう。

① 家庭について
- あなたにとって家庭とはどんなところですか。
- あなたの理想の家庭とはどういうものですか。
- あなたの理想の家庭づくりにどのような努力をしていますか。

② 会社について
- あなたにとって会社とはどんなところですか。
- あなたの理想の会社とはどういうものですか。
- あなたの理想の会社づくりにどのような努力をしていますか。

③ 職場について
- あなたにとって職場とはどんなところですか。
- あなたの理想の職場とはどういうものですか。
- あなたは理想の職場づくりにどのような努力をしていますか。

④ 仕事について
- あなたにとって仕事とはどういうものですか。
- あなたの理想の仕事とはどういうものですか。
- あなたは理想の仕事づくりにどのような努力をしていますか。

⑤ QCサークル活動(小集団改善活動)について
- あなたにとってQCサークル活動とはどういうものですか。
- あなたの理想のQCサークル活動とはどういうものですか。
- あなたは理想のQCサークル活動づくりにどのような努力をしていますか。

8.2 自分の周囲について改めて考えてみよう 演習:その2

⑥ CS(顧客満足)について
- あなたにとってCS活動とはどういうものですか。
- あなたの理想のCS活動とはどういうものですか。
- あなたは理想のCS活動づくりにどのような努力をしていますか。

⑦ 働きがいについて
- あなたにとって働きがいとはどういうものですか。
- あなたの理想の働きがいとはどういうものですか。
- あなたは理想の働きがいづくりにどのような努力をしていますか。

⑧ 品質について
- あなたにとって品質とはどういうものですか
- あなたの理想の品質とはどういうものですか
- あなたは理想の品質づくりにどのような努力をしていますか

⑨ サービスについて
- あなたにとってサービスとはどういうものですか
- あなたの理想のサービスとはどういうものですか
- あなたの理想のサービスづくりにどのような努力をしていますか

⑩ ×××について
- あなたにとって×××とはどういうものですか
- あなたの理想の×××とはどういうものですか
- あなたの理想の×××づくりにどのような努力をしていますか
 (×××のところに検討したい言葉を入れて考えてください)

メモ：

8.3 学生と社会人の違いについてグループ討議をしよう

以下、学生と社会人の姿について、整理してみましたので、皆様も考えてみましょう。

学生時代の生活	会社や職場での生活
① 勉強が目的である。	① 仕事が目的である。
② 授業料を払う。	② 給料をもらう。
③ 試験の成績で評価される。	③ 業績(仕事の出来映え)で評価される。
④ クラスが編成される。	④ 課・係・班といった単位で編成される。
⑤ 同年齢のヨコ社会の人間関係である。	⑤ 上司、先輩、同僚などタテ社会の人間関係である。
⑥ 個人の努力と個人の成果がものをいう。	⑥ 個人の努力と個人の成果だけでなく、会社や集団としての努力とその成果がものをいう。
⑦ 教師(先生)に教えてもらう。	⑦ 上司、先輩に教えてもらう。
⑧ 授業ごとに休み時間がある。	⑧ 平均8時間勤務、間に休憩が1〜2回ある。
⑨ 春、夏、冬に長期の休みがある。	⑨ 休暇はあるが長期休暇はない。
⑩ 学習によって習得するものは理解力、記憶力、判断力などである。	⑩ 仕事は、固有技術・技術、管理技術、専門知識、積極性、独創性、行動力などが必要となる。
⑪ 成績評価は通知表で示される。	⑪ 仕事の評価は、地位、給与にかかわる。
⑫ アルバイトには責任が少ない。	⑫ 仕事は社会人としての責任がともなう。

メモ：

8.4 アマチュアとプロフェッショナルの違いについてグループ討議をしよう

以下、アマチュア（素人）とプロフェッショナルの姿について、整理してみましたので、皆様も考えてみましょう。

<table>
<tr><th>アマチュア</th><th>プロフェッショナル</th></tr>
<tr><td>① 現状に甘えがちである。</td><td>① 常に人間的成長を求め続ける。</td></tr>
<tr><td>② 不平・不満・愚痴が多い。</td><td>② 自信と誇りをもつ。</td></tr>
<tr><td>③ 目標が明確でない。</td><td>③ 常に目標が明確である。</td></tr>
<tr><td>④ 現状を維持する。</td><td>④ 現状を打破し、可能性に挑戦する。</td></tr>
<tr><td>⑤ 気まぐれである。</td><td>⑤ 自己訓練を習慣化する。</td></tr>
<tr><td>⑥ 時間の観念が弱い。</td><td>⑥ 時間を有効に使う。</td></tr>
<tr><td>⑦ 失敗を恐れる。</td><td>⑦ 成功体験を積む。</td></tr>
<tr><td>⑧ 享楽的に資金を使う。</td><td>⑧ 自己投資を惜しまない。</td></tr>
<tr><td>⑨ 途中で投げ出す。</td><td>⑨ 使命感をもつ。</td></tr>
<tr><td>⑩ できない言い訳をする。</td><td>⑩ できる方法を考える。</td></tr>
<tr><td>⑪ 生活がかかっていない。</td><td>⑪ 生活がかかっている。</td></tr>
<tr><td>⑫ 趣味で行っている。</td><td>⑫ 本職で行っている。</td></tr>
</table>

メモ：

8.5 新入社員に対する見方についてグループ討議してみよう

以下、新入社員の思考や行動について、筆者の抱くネガティブな要素をまとめてみました。「先入観」だとか「そうかもしれない」などといった意見を出し合い討論してみましょう。

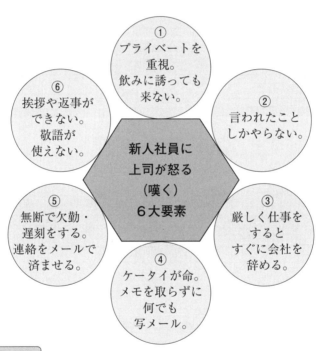

新人社員に上司が怒る（嘆く）6大要素

① プライベートを重視。飲みに誘っても来ない。
② 言われたことしかやらない。
③ 厳しく仕事をするとすぐに会社を辞める。
④ ケータイが命。メモを取らずに何でも写メール。
⑤ 無断で欠勤・遅刻をする。連絡をメールで済ませる。
⑥ 挨拶や返事ができない。敬語が使えない。

討議の結論

メモ：

改善意識を高めるために必要なことを考えてみよう

 改善意識とは、現状の水準や能力をより向上させたり、不具合(問題)を解決して、より良い状態にもっていく必要性を自覚することです。
 改善意識を高めるには、例えば、次のような心がまえや施策が必要となりますが、あなたにとってはどういうことが必要でしょうか。この機会に考えてみましょう。

【回答例】
 1. 改善の必要性を PR する。
 2. 改善活動に参加する。
 3. 改善テーマを決める。
 4. 改善のヒントを与えてやる。
 5. アイデア発想法(技法)を勉強する。
 6. 改善意識向上の講演を聞く。
 7. 改善意識向上のセミナーを受講する。
 8. 改善について話し合ってみる。
 9. 改善月間を設ける。
 10. 評価・表彰制度を設ける。
 11. 改善目標をもつ。
 12. 改善効果の成功体験を味わう。
 13. 改善提案をグラフにして職場に掲げる。
 14. 提案賞金を稼ぐ。
 15. 現状の仕事に満足しないで上を目指す。
 16. 他のものと結び付けて考えてみる。
 17. OJT を行う。
 18. タウンウォッチングを行う。
 19. QC サークル大会などに参加して他社の事例を学ぶ。
 20. 他職場との交流を行う。
 21. 『QC サークル』誌を読み、他社の事例を学ぶ。
 22. 異分野の本を読む。

〔備考〕 23 以降も考えてみてください。

参考文献

［1］ 実践経営研究会編『ものづくり現場の基本』、日刊工業新聞社、1994 年
［2］ PHP 研究所編『工場長のための強い工場をつくるスピーチ 120』、PHP 研究所、1998 年
［3］ リーダーコース運営委員会編『QC サークルリーダーコーステキスト』、日本科学技術連盟、1999 年
［4］ 市川享司：『人間力・現場力を高めるワンポイント講座』、日科技連出版社、2011 年
［5］ 市川享司：『儲かる 5S による収益改善』、日本技能教育開発センター、2013 年
［6］ 市川享司：『生産現場のマネジメント』、日本技能教育開発センター、2014 年

〈著者紹介〉

市川 享司（いちかわ　きょうじ）

1938年　群馬県前橋市生まれ。
元日産自動車㈱本社品質管理部課長。
現在　パワーアップ研究所所長。
TQM、方針管理、CS、現場の管理・改善、ヒューマンエラー防止策、儲かる5S、QCサークル活動、問題解決・課題達成・施策実行活動とQC手法、創造性開発などの国内外のコンサルティング活動、ならびに日科技連の各種セミナー講師を通して、TQM・品質管理・QCサークル活動などの普及・発展に努めている。

●主な著書
- 『QCサークル活動活性化の自己診断』(韓国語版、中国語版もあり)
- 『QC手法Ⅰ、Ⅱ、Ⅲ』、『QC手法問題集Ⅰ、Ⅱ、Ⅲ』(共著)
- 『課題達成型QCストーリー活用事例集』(共著)(韓国語版もあり)
- 『QCサークル実践マニュアル』(共著)
- 『人間力・現場力を高めるワンポイント講座』

(以上、日科技連出版社)
- 日科技連通信教育テキスト「QCサークル」

●表　彰
日本品質管理学会　品質管理推進功労賞(2001年度 第1回)受賞

新入社員・若手社員の仕事力を高めるワンポイント講座
あなたを成長させる品質管理の考え方

2015年1月25日　第1刷発行

著　者　市　川　享　司
発行人　田　中　　　健

検印
省略

発行所　株式会社　日科技連出版社
〒151-0051　東京都渋谷区千駄ケ谷5-15-5
DSビル
電話　出版　03-5379-1244
　　　営業　03-5379-1238

Printed in Japan

印刷・製本　株式会社中央美術研究所

© Kyoji Ichikawa 2015
ISBN 978-4-8171-9540-1

URL http://www.juse-p.co.jp/

本書の全部または一部を無断で複写複製(コピー)することは、著作権法上の例外を除き、禁じられています。